JN220355

社会福祉法人制度改革の
展望と課題

関川　芳孝 編

大阪公立大学共同出版会

目　次

まえがき …………………………………………………………………　1

社会福祉法人制度改革の視座
　　　　　　　　大阪府立大学　関川　芳孝 ………………　5

社会福祉法人制度改革の背景　産業政策からの批判
　　　　　　　　大阪府立大学　関川　芳孝 ………………　30

社会福祉法人制度改革の歴史的意義
　　社会福祉法人制度の本旨について
　　　　　　　　大阪府立大学　関川　芳孝 ………………　51

社会福祉のサービス供給主体と公私関係
　　―「地域共生社会」における社会福祉法人の役割の検討をかねて
　　　　　　　　関西大学　橋本　　理 ………………　76

社会福祉法人における内部統制の実際と留意点
　　　　　　社会福祉法人 神戸老人ホーム　朝木　俊介 ………………　89

異分野法人及び町との協働による共生型施設
　　～「ワークセンター花音」の取り組みから～
　　　　　　　　金城学院大学　橋川　健祐 ………………　104

コミュニティワークにおける社会的・経済的開発アプローチに
関する一考察
　　～和歌山「みその商店街」の事例から
　　　　　　　　金城学院大学　柴田　　学 ………………　119

i

「仕事づくり」と地域の課題解決による社会福祉法人の地域への貢献
　　　—泉北ニュータウン「みんなのマーケットプロジェクト るぴなす」の事例から

　　　　　　　　　　東海大学　竹内　友章 ……………… 137

社会福祉法人佛子園　三草二木西圓寺の取り組み

　　　　　　　　　　立正大学　川本　健太郎 ……………… 152

社会福祉法人改革のあと社会福祉法人はどこへ向かうか
　　　—P.ドラッカーの「非営利組織の経営」論からの示唆—

　　　　　　　　　　九州大学　安立　清史 ……………… 159

日本の非営利セクターはどこに向かうか
　　　—レスター・サラモンの「第三者による政府」論からの示唆—

　　　　　　　　　　九州大学　安立　清史 ……………… 175

は じ め に

　本書は、科学研究費補助金を受けて取り組む「地域福祉を推進する持続可能な社会福祉法人の"三方よし"型経営モデルの開発」の研究成果の一部である。本研究は、地域福祉の推進に取り組み公益性を高める社会福祉法人がめざすべきガバナンス改革のプロセスモデルを理論的に解明し、住民及び当事者と協働し地域社会において住民が安心・安全に居住し続けられる参加型コミュニティ・ワークの基盤形成にかかわる社会福祉法人の事業戦略を提示することを目的としている。本書では、主として社会福祉法人制度改革の審議プロセスを検証し、その歴史的意義を踏まえつつ、公益性を高める経営戦略を模索し、公益法人としての社会福祉法人が今後めざすべき方向性について考察するものである。そのため、本書は、社会福祉法人について理論研究と公益性を高める実践についての事例研究から構成されている。

　社会福祉法人は、戦後昭和21年社会福祉事業法のもとで創設された特別法人であり、社会福祉事業を行うことを主たる目的として設立された非営利の公益法人である。戦後設立認可された社会福祉法人は、社会福祉事業の主たる担い手として、社会福祉の措置をとる地方自治体から措置の委託を受けて、社会福祉事業である社会福祉施設を経営してきた。民間社会福祉事業の公共性を高めるために社会福祉法人制度が創設された経緯があるが、社会福祉法人制度改革では公益性を発揮する経営が求められている。社会福祉法人の事業経営に、なぜ公益性が求められるようになったのだろうか。

　平成12年の社会福祉基礎構造改革を経て、社会福祉法人を取り巻く制度環境は大きく変容している。社会福祉基礎構造改革は、従来の措置制度を利用契約制度に転換し、高齢者介護及び障害者福祉の分野には、民間企業をはじめNPOなど多様な主体の参入を認めた。社会福祉基礎構

1

造改革においては、社会福祉の基礎構造が転換するのに伴って、社会福祉法人の役割についても見直すべきであるとの指摘もあったが、社会福祉法人をはじめ社会福祉事業を経営する者について、地域福祉を推進する主体として位置づけるにとどまった。社会福祉法人制度の基本的な枠組みの見直しは、踏み込んだ検討はされずに、次の制度改正の機会にゆだねられた。

　社会福祉法人制度が戦後初めて抜本的に改革されたのが、平成28年に成立した社会福祉法一部改正であった。社会福祉法人制度改革では、社会福祉サービスの供給体制の整備充実のため、社会福祉事業の主たる担い手である社会福祉法人の公益性、非営利性を徹底させ、国民に対し説明責任を果たし、地域社会に貢献する法人のあり方が検討された。社会福祉法人制度改革により、公益法人としてのガバナンスを徹底させるとともに、地域社会の福祉ニーズを把握し、支援が必要な者に対し、制度の対象としないニーズであっても、積極的に無料・低額な福祉サービスを提供する存在として位置づけられた。

　地域包括ケアシステムの強化のための介護保険法等の一部改正法が2017年6月に成立し、関連して社会福祉法も改正されているが、社会福祉法人に期待される役割は大きい。社会福祉法人制度改革は、生活困窮者支援や地域共生社会の実現と関連づけて考えるならば、社会福祉法人が地域社会から期待される役割を果たし、社会福祉法人の固有の公益性を高めることができるように、必要な条件整備を行うものであったといえる。

　すなわち、改正社会福祉法は、地域共生社会の実現に向けて、「我が事・丸ごと」の地域福祉推進の理念を規定し、市町村において包括的な支援体制づくりに努める旨を明記した。このなかで、社会福祉法人には、地域福祉を推進する主体として、あらたに再構築される地域福祉の体制において、①地域の福祉課題について住民が「我が事」と受けとめ

活動するきっかけを提供する②地域住民の抱える複合的かつ多様な福祉課題を「丸ごと」受け止める③個別支援が必要となった住民に対し、制度の枠を超えて必要とされる福祉サービスを無料または低額な料金で提供する、などの役割が求められる。

　地域における公益的な取組の実施については、厚生労働省は、当初社会福祉法第24条2項の要件を厳格に解釈し、地域における公益的な取り組みの対象となる範囲を限定していた。しかし、平成30年1月には、「我が事・丸ごと」の理念に照らし前記の要件を弾力化し、支援が必要な者が直接的のみならず間接的に利益を受けるサービスや取組についても一定の範囲で対象に含める旨の解釈変更を行った。これによって、社会福祉法人が行う施設を基盤とするコミュニティ・ワークなどの活動や取組も、地域における公益的な取組に含まれるところとなった。

　社会福祉法人制度改革を一つのターニングポイントとして、社会福祉法人の今後を展望しつつ、非課税の対象となる公益法人に相応しい経営のあるべき姿とは、どのようなものであるべきか。そのためにも、社会福祉法人は、どこからきて、社会福祉法人制度改革を経て、どこへ向かおうとしているのか検討したい。社会福祉法人制度改革においても、将来的な社会福祉法人経営のグランドデザインを提示した上での、制度改革に必要な論点整理を行うべきであったと考えている。しかしながら、社会保障審議会福祉部会では、規制改革会議が提示した問題に対する制度的な対応の検討にとどまったため、社会福祉法人のあるべき経営のあり方について十分に描かれているとはいいがたい。

　社会福祉法人のガバナンス改革については、公益性を高め①慈善・博愛の精神に立ち戻り、制度の狭間にある福祉ニーズに対してもきめ細かに対応する、②地域の福祉に関わる様々な問題の解決に関わり持続可能な地域づくりや地域再生を支援することが、法人経営のゴールとされるべきである。持続可能で自律的な経営を確保しつつ、地域社会に利益

の一部を還元し社会福祉法人制度に期待される社会的役割を担ってこそ、社会福祉法人の存在価値を高めることができる。本書では、このような観点から、これからの社会福祉法人が公益性を高める上で幾つかの実践事例を紹介している。地域共生社会の実現に向けて、コミュニティ・ワークという手法を用いて、まちづくりに寄与するアプローチが重要と考え、先駆的なNPOの取組事例も参考にした。

　人口減少、少子高齢化によって社会構造の変容が続き、将来的に現在の社会システムを維持することが困難となる。経済・雇用情勢も景気の循環により変動を繰り返し、新たな貧困問題が生まれるであろう。現在でも、経済格差は解消されず、社会的排除と孤立、孤立した子育て、一人暮らし高齢者の増大などから、地域における生活課題が拡大し、既存の制度の対象とならない新たな福祉ニーズが発生している。

　社会福祉法人の経営には、こうした社会の変動によって生じる生活課題に対し、社会福祉事業の主たる担い手として、生活課題の解決に寄与する役割が期待される。地域の問題解決に取り組む社会的企業を理念モデルとしつつ、こうした新たなニーズにも対応し、持続可能で社会福祉法人の存在価値を高めるガバナンス改革の道筋を明確化したい。

2019年3月　関川芳孝

社会福祉法人制度改革の視座

大阪府立大学　関川　芳孝

1．はじめに

　平成28年3月、社会福祉法人制度改革を中心とした社会福祉法の一部改正が成立している。社会福祉事業法の成立から初めての抜本的な社会福祉法人制度の改革である。平成26年年6月に閣議決定された「規制改革実施計画」において、社会福祉法人制度の改正が必要であることが指摘され、これを契機として社会保障審議会福祉部会において審議が始まった。福祉部会は、「社会福祉法人制度改革について」報告書を取りまとめている。以下では、福祉部会の議論及び報告書をもとにし、社会福祉法人制度改革が必要となった幾つかの制度上の論点について、あらためて考察しておきたい。

　福祉部会では、公益法人制度改革を参考にしつつ、社会福祉法人が、福祉サービスの供給体制の整備及び充実を図る目的から、社会福祉事業の主たる担い手である社会福祉法人が、公益性が高い非営利法人として社会的にも信頼されるために、必要な制度改正の内容が検討された。議論のポイントは、①経営組織のガバナンスの強化、②事業運営の透明性の向上、③公益性を担保する新たな財務規律の確立、④地域における公益的な取組の義務化、⑤行政の関与のあり方、である。

　社会福祉法人には、社会福祉法人の本来の使命にもとづき、公益性の高い福祉経営をめざすことが期待される。具体的には、公益性の高い法人であることを意識し、質の高いサービス提供と効率的な経営により事業収益を拡大しつつ、それを職員の賃金上昇や社会福祉事業及び公益事業への再投資、地域公益的取組への還元等につなげる。さらには、経営

状況を情報公開し国民に対し説明責任を果たし、社会的な信頼を高め、社会福祉法人の存在価値を高めることが求められる。非課税に相応しい公益性の高い経営が担保されるように、経営者らを動機づけ、健全かつ公正な規律が確保される、法人統治の仕組をいかに構築するかが問われたといえるであろう。

社会福祉法人制度改革とは、こうした立場から、ガバナンス強化に関する法律上の整備をし、社会福祉法人によるガバナンスが担保される仕組みを制度的にも確立しようというものである。社会福祉法人には、新たな仕組みのもとで、これまでの法人の体制や運営方法を見直し、ガバナンスの強化に取り組み、社会福祉法人の本来の使命にもとづき制度外の福祉ニーズにも対応するなど、公益性の高い福祉経営をめざすことが期待される。

２．経営組織のガバナンスの強化

（1）法人のガバナンスとは

営利法人、非営利法人を問わず、経営組織にはガバナンスが求められる。株式会社については、繰り返しコーポレイト・ガバナンス（企業統治）が議論され、会社法改正よって、コーポレイト・ガバナンスについての規律が強化された。過去には大王製紙やオリンパス事件などが背景にあり、不正に対する経営組織内部のチェック体制が強化されている。

ここでの、コーポレイト・ガバナンスとは、健全で公正な企業活動が行われるように、企業経営を監視する組織内部の仕組みのことをいう。さらには、日本再興戦略改訂2014では、生産性向上により企業収益を拡大し、それを賃金上昇や再投資、株主還元等につなげるためにも、コーポレイト・ガバナンスを強化することを求めている。日本経済団体連合会も、「我が国におけるコーポレイト・ガバナンス制度のあり方について」

において、不正行為を防止するとともに、競争力・収益力向上させるという二つの立場から、長期的な企業価値の増大に向けて、企業経営の仕組みをいかに構築するかという立場から、コーポレイト・ガバナンスの問題を論じている。

　ガバナンスの問題は、株式会社だけの問題ではない。公益法人においてもガバナンスの強化が問題とされた。平成18年の公益法人制度改革は、公益法人におけるガバナンスの強化を検討した。旧民法34条が定める公益法人制度では、経営組織のガバナンスについての仕組みが確立しておらず、主務官庁ごとの監督に委ねられていた。公益法人制度改革では、営利法人に対するガバナンスの仕組みを参考にし、経営組織のガバナンスについて規律の強化に取り組んでいる。

　公益法人制度改革においては、公益法人自らが責任をもって自主的・自律的に運営を行っていけるように制度を見直し、ガバナンスに関する事項が、あらためて法律で定められた。たとえば、理事会、評議員、評議員会が、法律で定める機関とされ、理事、評議員の役割、義務、責任が明記されるなど、相互の牽制関係が機能する仕組みが構築されている。行政の関与は最小限にし、法令で明確に定められた要件にもとづいて組織運営されるようにルール化する一方、「法人自治を大前提にしつつ、民による公益の増進のため法益法人が制度的に適切に対応できるよう支援」することが、制度改革のねらいとされた。

　この制度改正では、公益法人の経営組織に求める公益性を担保するための規律が具体的に示されているが、公益性の高い法人に対して求められるガバナンスの仕組みは、戦後公益法人の特別法人として創設された社会福祉法人に対しても、当然要請されるべきものと考える。

（2）ガバナンスの確立の意義

　株式会社におけるコーポレイト・ガバナンスの議論は、株主との関係

で重要な意味をもつ。企業活動が、株主の利益を尊重して展開されるように、執行機関である取締役会を監視する仕組みが求められる。前述のように、会社法は、こうした観点から、監査役設置会社や監査等委員会設置会社の制度を設けるなどの法改正されてきた。

これに対し、社会福祉法人には、出資や所有という概念は認められておらず、株主に相当する構成員も存在しない。また、こうした構造は、一般・公益財団法人も同様である。社会福祉法人を含む非営利法人のガバナンスの問題は、公益に関わる様々なステイクホルダーとの関係において捉えなおし、公益の促進という社会の利害と一致しない行動をとる法人に対し、誰がどのような仕組みによって法人を統治するべきか、という問題が存在する。

すなわち、法人組織において、①誰が経営の重要事項について意思決定するのか、②誰が決定された事柄を執行するのか、③誰が業務執行のプロセスを監視するのかについて整理し、健全で公正な法人運営が担保されるための仕組みを検討し、法律において統治のルールを定めることが必要と考える。

改正前の社会福祉法人制度は、意思決定機関と執行機関が未分化でかつ、法律に理事会の位置づけがない。それぞれの役割や責任についても、法律上明記されていなかった。そのため、法人組織の運営が形骸化しやすく、結果としてワンマンな経営者に対するチェック機能も働かないため、不正も起こりやすい制度構造となっていた。

一部の社会福祉法人による不祥事が報道され、これが社会福祉法人制度の根幹を揺るがす問題となった。不祥事についての新聞報道を読めば、社会福祉法人におけるガバナンスの仕組みどうなっているのかと考えるのは、当然のことである。経営者によるモラルハザードは、制度構造的に起きている。社会福祉法人制度においても、期待された公益性に即した経営者の行動がとられない場合に、誰がどのような仕組みによっ

て法人の行動を統治するのか、必ずしも明確でなかった。行政の監督は、不正防止については有効であるものの、どのようにして法人の価値を高めるか、内部留保された資産を地域へ再投下することの当否についてまで関与できない。

　振り返ってみると、基礎構造改革後、社会福祉法人に対する規制緩和が検討されたが、本来は社会福祉法人におけるガバナンスの仕組みが確立していることが前提とされるべきであった。こうしたガバナンスの仕組みが十分に構築されないまま規制を緩和すれば、不正を生みやすい上、社会福祉法人制度の本旨から逸脱したような利益至上主義の経営モデルも現れる。そうなれば、社会福祉法人に対する社会的な信頼も揺らぎ、社会福祉法人の使命や役割に対する市民社会における共感も得ることが難しい。

　社会福祉法人には、市場経済で提供されないサービスを無料・低額で提供し、地域住民の福祉の増進やセーフティネットを構築するなど、社会福祉法人制度創設の原点に立ち返り、経営の再建が求められる。非課税に相応しい公益的な法人として、得られた利益の一部を地域に還元し、制度外のニーズに対し事業を起業することが期待される。こうした福祉を目的とする公益的事業・取り組みは、社会福祉法人の信頼を回復する上でも、必要かつ重要な地域戦略として位置づけるべきであろう。地域住民の理解と協力があって、社会福祉事業を安定的に経営可能となる。経営組織は、職員、利用者・家族、当事者、地域社会などの様々なステイクホルダーとの関係を意識し、社会福祉法人の存在価値を高めることを目的とするガバナンスのあり方を考えることが大切である。

３．社会福祉法人の経営組織の在り方について

（1）公益性の高い経営組織のあり方

　少子化と高齢化が同時に進行し、人口減少する時代において、福祉ニーズが多様化・複雑化するなかで、基礎自治体による対応にも限界があり、地域社会を持続可能なものとする上でも、新たな公として、社会福祉法人の地域において果たすべき役割が益々重要となっている。すなわち、基礎自治体の役割を補完しつつ、他の社会資源ともつながり、制度外のニーズにも柔軟に対応するなど、公益性の高い事業経営の展開が求められている。地域が持続可能であるためには、基礎自治体とともに、今後とも公益性の高い非営利法人である社会福祉法人の役割は重大である。社会福祉法人には、法人組織のあり方を見直し、あらためて公益性の高い非営利法人に相応しい組織運営をめざす必要がある。

　社会保障審議会福祉部会報告書では、制度改革前の社会福祉法人の経営組織について、「理事、評議員会、監事など社会福祉法に規定されている社会福祉法人の経営組織は、社会福祉法人制度発足当初以来のものであり、今日の公益法人に求められる内部統制の機能を十分に果たせる仕組みとはなっていない」と問題を指摘している。「一部の社会福祉法人において指摘される不適正な運営には、こうした法人の内部統制による牽制が働かず、理事・理事長の専断を許した結果生じたものがみられる」。このような問題意識から、社会福祉法人におけるガバナンスを強化するため、理事会や評議員会、役員等の役割や権限の範囲を法令等で明確に定めるべきであると考えられた。

　公益法人制度改革によって、一般財団法人及び公益財団法人制度では、法人の各機関の役割と責任が法定化されており、内部の相互チェック機能が働くことをもって、自律的な運営を認めていた。行政庁の関与は、問題のある法事に対し事後的な規制で対応するなど、あくまで補完

10

的な位置づけとされている。公益法人が、監督官庁の関与に縛られず、自律的な運営を確保するため組織統治の仕組みについての規律を明確にし、民間として自律的に公益的な活動の推進に取り組める仕組みの構築をめざしていた。

　優遇税制の対象とならない一般財団法人であっても、経営組織の各機関相互のチェック体制の確立が求められており、こうした経営組織の規律にしたがい、評議員会の設置を義務づけるなど、経営組織のあり方を見直している。制度改革後の公益法人の経営組織のあり方は、社会福祉法人においても参考にされるべき法人統治、ガバナンス強化のモデルである。公益法人制度と比較すると、制度改革前の社会福祉法人の経営組織におけるガバナンスを担保する仕組みは必ずしも十分といえるものではなかった。社会福祉法の規定以外にも、法人認可の審査基準、定款準則、通知において詳細な規定がされていたが、これをあわせて考慮しても、公益法人制度と比較して、十分に公益性が担保されている仕組みとは言い難いものであった。

(3) 法人組織の形骸化は制度構造の問題

　法人組織が形骸化し、ワンマンな経営者による恣意的な経営判断に対しても、組織内部で相互のチェックが効かないのは、改正前の社会福祉法人制度の制度構造によるものである。社会福祉法人制度の基礎構造は、制度創設、措置制度の時代、社会福祉の基礎構造改革においても抜本的な改正に至っていなかった。本来は、利用契約制度に転換し、事業規制は緩和され経営裁量は拡大したことから、公益性の高い経営組織としてあるべきガバナンスについて、もう少し踏み込んだ議論を行うべきであった。

　このため、理事会や評議員会でも、社会福祉法人の本来あるべき姿と実際の事業計画にもとづく事業執行とのズレを十分にチェックしないま

ま、予算・決算など会計面での不正が発覚しない限り、事実上の経営者による事業計画や事業報告に対し、基本的に同意・承認を与えることが常態化されてきた。法改正後も、こうした慣行が続けられて法人であるとしたら、健全なガバナンスが実際に機能していないというほかない。しかし、法人組織の形骸化は、評議員、理事、監事にとっても、制度改正後は、状況いかんでは法的な責任が問われかねないので、無関心ではいられないはずである。

　社会福祉法人には、将来にわたって組織的にも持続可能なように、法人単位で戦略的視点に立脚した経営に向けた取組みが求められているが、経営者に求められる健全なリーダーシップとワンマンな経営とが混同されてはならない。健全なリーダーシップが発揮されるためにも、法人組織のあり方は本来どうあるべきか原則論に立ち返ることが大切である。すなわち、公益性の高い法人経営をめざし①誰がその法人の将来に対し責任ある決定をするのか、②誰が法人の業務を執行するのか、③誰が業務執行を監督するのかなど、新たに確立された法人組織による統治のルールにもとづき、実際に法律が求める役割と責任が果たされているか確認することが必要である。

　社会福祉法人は、基礎構造改革後の経営モデルとして、民間参入と利用契約という新たな事業環境と地域における存在意義の変容を認識し、法人のよって立つべき基盤、社会的信頼の基礎となる「公共性」「公益性」「非営利性」、さらには「開拓性」「先駆性」を踏まえた事業戦略を重視する経営モデルへと転換することが必要と考える。社会福祉法人制度の本質が十分に理解されないと、今回の法改正ついても、一部法人の不祥事を理由とする社会福祉法人に対する規制の強化にみえるに違いない。

　社会福祉法人自身が、自律経営を求められている根源的な意味を見据えて、経営組織にあり方についても社会的に信頼されるように自律的に統治することが大切である。社会福祉法人には、税制優遇や補助金を受

けて運営するのに相応しいものとして国民から信頼される法人組織であることが求められる。社会福祉法人制度が持続可能なシステムとなる前提条件といえる。

4．法人組織内部の牽制関係の確立

（1）評議員、役員に求められる職務上の注意義務

　社会福祉法人制度改革のねらいの一つは、ともすると形骸化する法人役員の行動に対し、権限と責任を法定化し、経営組織の規律を確保することにある。新しい社会福祉法人制度では、評議員会、理事会、監事など各機関の役割や責任を社会福祉法に明記し、それぞれの立場から事業経営に当たる理事長、理事に対し規律が働く仕組みが作られた。以下では、公益性を担保するガバナンスのあり方について焦点を当て、社会福祉法人制度における各機関の役割と責任について、考察したい。

　社会福祉法人と評議員、理事、監事、会計監査人との関係については、改正社会福祉法では「委任に関する規定に従う」と明記された。会社法や一般社団及び一般財団に関する法律でも同様の規定が定められているが、同様に評議員、役員等の法人内部における責任について定めるものである。民法上の委任の規定によると、受任者である評議員、理事、監事らは、法人に対し「善良な管理者の注意をもって、委任事務を処理する義務」、善管注意義務を負うことになる。したがって、評議員、理事、監事らは、常勤・非常勤、報酬の有無にかかわらず、法律及び定款が求める役割と権限に応じ、通常求められる注意義務をもって職務に当たらなければならない。社会福祉法人の評議員、理事、監事の選任については、それぞれの立場に求められる役割と責任を十分に理解してもらった上で、評議員、理事、監事の就任を依頼することが大切である。

　評議員、理事、監事が職務を行う上で悪意及び重大な過失があったと認められる時は、法人及び第三者に与えた損害を賠償する責任を負うこ

とも明記されている。この場合、評議員、理事、監事に善管注意義務違反に当たる事実があれば、彼らにも責任は及ぶ。これは、期待された内部統制の役割が機能しない場合に、当該事業経営に当たる理事長のみならず、評議員、役員等にも法的な責任が発生する仕組みをつくり、経営組織内部の統制を強化しようとするものである。

経営組織のガバナンス確保のためのポイントは、理事会が理事長の業務執行を監督することにある。すなわち、事業経営に当たる理事長などの独断専行を牽制・抑止し、適正かつ妥当な業務執行を実現するためにも、理事会の新たな役割は、①業務執行の意思決定に当たる、②業務執行の監督をする、③理事長の選定及び解職を行うものと位置づけられている。事業経営に当たる理事長も、理事会の決定にもとづいて業務を執行する立場に置かれる。法律が定める重要な財産の処分等の事項その他重要な業務執行の決定は、理事会の専決事項とされており、理事長に委ねることはできない。重要な業務執行については、理事長といえども自ら決定できず、理事会による審議の上で決定された事柄にもとづいて業務の執行に当たらなければならず、理事会の統制を受ける。理事長を選定・解任できるのも理事会の役割である。作成された計算書類や事業報告の承認も理事会の役割である。

他方理事長は、対外的には法人を代表し、法人の業務を執行する役割を担っている。なお、理事長以外の理事についても、理事会の決議によって、特定の業務の執行を行う業務執行理事として選定し、業務の執行に関わらせることができる。理事長は、理事会に対し3か月に1回以上職務執行状況を報告しなければならない。理事会が、理事長等の業務執行を監督するためである。

理事の業務執行を監査する監事も、理事長によって適正かつ妥当な業務執行がなされているか、理事会が適正かつ健全に運営されているかモニターする機関であり、法人のガバナンスを考える上でも重要な役割を

14

担っている。これまで一部の法人では、監事による監査が形骸化し、財務会計などにも必要なチェックが機能していない等の問題があった。社会福祉法人改革では、実効ある監事監査が行われるように、監事についても役割と権限を明確にし、監査体制の強化を図った。

以前のように理事会が監事を選任する仕組みでは、独立した立場から監査を行うことが困難であると考えられ、監事の選任・解任は評議員会の議決事項に改められている。さらに、実効ある監査体制を整備するため、新たに監事の権限を付与し、義務を課している。すなわち、法人の業務施行状況を自ら把握するため、①理事、職員に対し事業の報告を求める、②業務及び財産の状況を調査する権限が与えられている。監事の義務については、監査報告を作成する他、理事会に出席する義務、理事の不正行為、法令や定款に違反している事実を発見した場合には、理事会や評議員会に報告する義務を負っている。これまでのように、年一回程度、計算書類等を監査するだけでは、監事の責任を果たしたとはいえなくなる。

また、社会福祉法人のガバナンスの強化、財務規律の確立の観点から、一定規模以上の法人においては、監事監査に加えて、計算書類等について監査する会計監査人の設置を義務づけ、会計監査人の権限、義務、責任（監事への報告義務、損害賠償責任等）を法律上明記した。会計監査人が第三者の立場で行う外部監査の義務づけ、財務面では外部からも規律が及ぶようにと考えられている。

（2）議決機関としての評議員会を必置する意味

今回の社会福祉法人制度改革において、保育所を経営する小規模な法人を含む、すべての社会福祉法人に対して、議決機関としての評議員会の設置を義務づけたことは、今後の経営組織のあり方を考える上で、重大な意味をもつ。評議員会は、従来のように理事会の事業経営に対し意

見を述べる諮問機関としての位置づけではない。議決機関としての評議員会の存在は、経営組織における内部統制システムのなかで中心となる機関であり、社会福祉法人が社会的に信頼される組織となるためにも、なくてはならないものである。評議員会には、事業の経営に当たる理事長や理事に対し、公益に合致した経営を志向させるように見守り規律づける役割が期待されているからである。

　新しい社会福祉法人制度では、評議員会は、法人運営の基本ルール・体制の決定と事後的な監督を行う機関として位置づけられている。議決機関といっても、事業運営のすべてのことについて、評議員会の決議が求められているわけではない。議決事項は法律及び定款が定める範囲に限られている。

　しかし、評議員会の主たる議決事項をみると、評議員会に期待されている役割が読み取れる。すなわち、議決事項には、定款の変更、理事及び監事の選任と解任、役員報酬の支給基準の承認、計算書類（貸借対照表、収支計算書）の承認、法人解散の議決、合併契約の承認、社会福祉充実計画（再投下計画）の承認などがある。評議員会にこうした役割と権限を付与することも、公益性の高い社会福祉法人に相応しい適正かつ妥当な財務運営についての規律を構築する上で、極めて重要と考える。

　こうしてみると、新しい社会福祉法人制度の重要なポイントの一つは、理事会及び評議員会の役割を明確化し、執行機関と議決機関とを分離したことにある。評議員会を法人の重要事項に関する議決機関とし、執行機関である理事会も、評議員会の統制を受ける構造がつくられている。また、理事長をはじめとする理事役員が事業の経営に当たるが、評議員会は定時評議員会における計算書類等の承認などのプロセスを通じ、事業が社会福祉法人制度の本旨にしたがい適正かつ健全に運営されてきたかを審議する方法により、事後的に監督にあたる。社会福祉充実計画を作成し、事業利益をどのように地域に還元するかについても、最終的に

評議員会の承認がなければ、所轄庁に提出できない。

　不当に高額な役員報酬は事実上の利益の配分に当たるおそれがある。こうしたことがないように、評議員会には、民間事業者等の役員報酬及び従業員の給与、当該社会福祉法人の経理の状況などから総合判断して決定することが求められる。作成された報酬基準に対し、こうした観点から妥当な水準かどうかを審議した上で承認するのも、評議員会の役割である。

５．情報開示によるガバナンス改善

（１）社会福祉法人の情報開示を考える視点

　社会福祉法人は、補助金や税制優遇を受けて社会福祉事業を行う特別公益法人であり、納税者である国民から信託されて事業が成り立っている。したがって、利用者・家族、潜在的利用者である地域住民に限らず、ひろく国民に対し法人の業務及び財務に関わる情報を開示し、経営の透明性を確保することが求められる。このことは、本来的に補助金や税制優遇を受ける社会福祉法人の社会的責任と考える。

　また、情報開示によって国民のチェックが及ぶことは、ガバナンスの改善にとっても意義がある。社会福祉法人の情報開示に対する姿勢と開示された内容が国民からみて信頼に値するかどうか、問われるからである。具体的には、正確で信頼性の高い決算書を開示するとともに、事業計画や事業内容、地域公益的取組みなども、地域住民の存在を意識しわかりやすい説明と情報発信に取り組むことが期待される。

　株式会社においては、資金提供者である株主に対し会社の経営状況について説明責任を果たすことが求められる。他方、社会福祉法人の経営においては、非課税に相応しい公益性の高い経営が実際に行われていることを、納税者である国民に対しても丁寧に説明する社会的な責任があ

る。利用者・家族、潜在的利用者である地域住民に限らず、ひろく国民も含め、社会福祉法人の経営にとって重要な関わりをもつ様々なステイクホルダー、利害関係者に対して説明責任を果たすことが求められている。財務諸表や事業計画、現況報告書などの開示により、福祉の分野で公益を増進する事業経営が行われているのか国民がわかるように説明することが、社会的な信頼につながる。

　説明責任にもとづき情報開示を求める仕組みは、外部から経営に対する監視・規律づけとしても機能する。社会福祉法人の経営者においても国民から信頼を得られる経営を意識させるためである。これによって、公正かつ健全な経営を心がけ、経営成果の一部を地域に還元するなど、ガバナンスの改善につながる経営実践が期待できる。

　社会福祉法は、社会福祉法人に対して「社会福祉事業の主たる担い手としてふさわしい事業を確実、効果的かつ適正に行うため、…事業経営の透明性の確保を図らなければならない」と定めている。社会福祉法人制度改革以前からも、福祉サービスの利用を希望する者から請求があった場合に、事業報告書、財産目録、貸借対照表及び収支計算書の閲覧を義務づけていたが、国民一般に対し経営情報の開示を求めるものではなかった。

　さらにいえば、法人の業務及び財務、法人の役員、評議員の氏名等に関する情報開示は、社会的責任を果たす意味でも、社会福祉法人の広報やインターネットを用いて自主的に公表することが望ましいとされてきた。こうした通知によって、財務諸表を自主的に公表する社会福祉法人もあったが、社会的責任として情報開示に積極的に取り組むべきとの認識は、必ずしもすべての社会福祉法人に共有されなかった。各社会福祉法人の判断にゆだねるだけでは、当該法人が公益を重視した経営に努めているかを判断する上で必要な経営情報は適切に国民に開示されないことが指摘され、社会福祉法人の経営状況を可視化できる仕組みが必要と

考えられた。

　社会福祉法人が情報開示しないのであれば、所轄庁に対し、提出されている法人の財務諸表等の開示を求める方法も考えられる。しかし、これまでは、所轄庁も、情報開示についても明確な義務づけがされていないことから、提出された財務諸表などを公開することには消極的であった。このように、情報公開に対する社会福祉法人の自主的な努力に委ねても限界があり、すべての社会福祉法人に情報開示を求めるには、情報開示の仕組みを法的に整備することが必要であった。

　平成18年度の公益法人制度改革では、公益財団法人は、国民に対し事業報告書や財務諸表、さらには定款、役員名簿、役員報酬規程の閲覧を義務づけ、さらには貸借対照表の公告まで義務づけられていた。これと比較すると、社会福祉法人制度は、役員報酬の基準も開示されていないなど、国民に対し経営の透明性の確保が必ずしも徹底されていなかった。

　規制改革会議の議論をみても、社会福祉法人は財務諸表を公表するのは当然との意見が支配的であった。たとえば、社会福祉法人の財務内容が不明であるにもかかわらず、公費投入・非課税優遇を続けるのは不適切といった指摘もされるなど、経営情報を公開しない社会福祉法人に対し厳しい批判が向けられた。財務諸表などはホームページで公表し、常にそれが見られるという状況をつくることが基本であるとの意見もある。こうした議論を経て、規制改革実施計画についての閣議決定は、すべての社会福祉法人に対し財務諸表の公表を義務づけるよう求めていた。

　平成25年度から、局長通知により、事業報告書や財務諸表など、法人の業務及び財務等に関する情報について、閲覧に供すること、インターネット・広報等において公表するよう、社会福祉法人に対し求めていた。さらには、社会福祉法人審査基準を改正し、社会福祉法人に対し財務諸

表等を公表することを義務化したが、法令上の根拠がないものであった。

(2) 情報開示を徹底する仕組み

　社会福祉法人制度改革により、情報開示が徹底された。社会福祉法においても、第59条の2「情報の公開等」として、定款の内容、役員報酬の支給基準、計算書類（貸借対照表・事業活動計算書・資金収支計算書）、役員等の名簿、現況報告書の公表を義務づけている。また、定款、事業計画書、役員報酬基準の他、備置きされる財務諸表等の閲覧を請求できる対象範囲も、国民一般にまで拡大した。

　また、現在、ワムネットにおいて社会福祉法人の財務諸表等の電子開示システムが整備され、社会福祉法人の財務諸表等を容易に閲覧することが可能となっている。これによって、あらためて所轄庁に提出された財務諸表の表示が不適切である、表記に誤りがある場合も確認できるようになった。こうした法人においては、日ごろの会計処理がずさんと考えざるをえない場合もあろう。しかも、所轄庁のチェックにも漏れがあり、財務諸表の誤りが修正されないままになっていることも明らかになる。

　情報開示によって、幾つかの社会福祉法人の財務諸表の誤りが指摘されている。こうしたことが続くと、社会福祉法人の会計は「ずさんである」、「信頼できない」などの印象が持たれてしまうのではないかと懸念される。こうなると、社会福祉法人制度の信頼までが揺らいでしまう。理事長など経営者はもちろん、理事や監事も、善管注意義務にもとづき会計処理の不正や表記の誤りを発見する責任がある。会計監査人の設置が義務づけられている社会福祉法人は一部に限定されており、小規模法人であっても、情報開示を前提とした財務諸表について、会計の専門家の助言を受けながら内部でチェックする体制整備が今後の課題と考える。

6．ガバナンス改善により、社会福祉法人の存在価値を高める

（1）公益性を担保する財務規律

　社会福祉法人制度改革では、社会福祉法人のあるべきガバナンス体制を法律において定め、これにもとづいた自律的な経営を求めている。自律的な経営とは、行政による監督指導によらず、経営組織の内部で経営者に対する規律づけが確保された経営である。法改正によって求められている組織課題は、新たな評議員会の設置など、法律に従って所定の組織体制を整えることだけでは十分ではない。実際にガバナンスを機能させて、経営理念にもとづき公益性が担保された経営を実践することが大切である。具体的には、事業経営によって利益が出たならば、社会福祉法人制度の本旨として、利益の一部を地域が必要としている社会福祉事業に再投下する、さらには制度化されていない福祉ニーズにも公益事業として対応することが検討されるべきである。様々なステークホルダーから公益性の高い法人として信頼され、法人の存在価値を高める観点からも、ガバナンスの改善に取り組まなければならない。これまでの経営者の意識や発想の転換を求めるためには、公益性の高い経営実践を規律づける評議員会および理事会の役割が大きいと考えるからである。

　社会福祉法人改革は、社会福祉法人に対し公益性を担保するための新たな財務規律にもとづき経営することを求めている。「内部留保」の取り扱いについても、利用契約制度の下では、報酬として受けとる収入から必要な経費を支払い、残った収支差額が経営成果として積みあがったわけであるから、これをどのように使われるべきかについて、社会福祉法人に対する財務上のルールが考えられてこなかった。そのため、社会福祉法人の経営からみれば、効率的な経営により収支差額が内部留保として蓄積されることは、健全な事業経営の結果であり、将来の建替えや事業拡大に役立てられるべき大切な原資であると考えるのは、正論とい

える。しかし、これが問題とされたのである。

　内部留保がなぜ生まれるかといえば、もちろん経営努力による部分もあるが、補助金や税制優遇による部分も否定できない。民間企業からすれば、収支差額に違いがあるのは、競争条件が平等ではなく公正ではないと考えるのも、当然といえる。国民からも、特別養護老人ホームの多額な内部留保に対して「過大な利益をため込んでいる」との批判が寄せられていた。こうしたことから規制改革実施計画は、内部留保の位置づけを明確化し、福祉サービスへの再投資や社会貢献での活用を促すことを求めていた。

　社会保障審議会福祉部会は、これを受けて、公益性の高い法人として社会的な信頼を得るためにも、適正かつ公正な支出管理のルールの検討とともに、内部留保の実態を明らかにし、余裕財産があれば社会福祉の充実に再投下される仕組みが必要と考えた。

　しかしながら、何をもって再投下の対象となる内部留保とみるのかについて、会計上明確な定義やルールがなかった。純資産の部のうち、「その他積立金」・「次期繰越活動収支差額」に計上されているもの、これを「発生源内部留保」として考える立場もあったが、これをすべて再投下可能な余裕財産とみるわけにはいかない。過去に蓄積された利益の一部には、「事業に活用している土地、建物等に投資した資産」も含まれるからである。さらには、事業の継続のためには、将来立替等により支出が必要となる資産なども考慮しなければならない。

　社会福祉法人制度改革では、再投下の対象となる内部留保について、「社会福祉法人が保有する全ての財産（貸借対照表上の純資産から基本金及び国庫補助等積立金を除いたもの）を対象に、当該財産額から事業継続に必要な最低限の財産の額（控除対象財産額）を控除した財産額（負債との重複分については調整）」を算出し、これを「余裕財産」とみて、福祉サービスに再投下可能な財産額「社会福祉充実財産」として定

義した。その上で、再投下可能な財産額がある社会福祉法人については、「社会福祉充実計画」の作成及び所轄庁への提出を求め、地域における公益的な取り組みを含む福祉サービスに、計画的に再投下することを義務づけた。このように、社会福祉法人の公益性を担保する財務規律として、①適正かつ公正な支出管理、②内部留保の明確化、③福祉サービスへの計画的な再投下について仕組みが作られた。

　新たな財務規律のもとでは、社会福祉充実財産は、法人の規模の大小にかかわらず、生じる可能性がある。実際、比較的規模の小さな法人においても、社会福祉充実財産があったことが報告されている。特に、施設整備から経過年数が長いほど、減価償却費等が内部に蓄積されていくため、社会福祉充実財産は生じやすい。逆に、事業拡大を積極的に行う法人ほど、社会福祉充実財産は生じない傾向が認められる。

(2) 地域における公益的な取り組みの義務づけ

　社会福祉法人に余裕財産がある場合には、これを地域の福祉サービスの充実に再投下することを義務づけるわけであるが、将来の建替えの経費を控除するなど所定の算定式によると、再投下の対象となるほどの余裕財産が蓄積されていない法人も少なくない。こうした法人には、計画を作成し地域社会に対し利益の一部を還元することは求められていない。

　しかし、こうした社会福祉法人であっても、新たに社会福祉事業を実施することはもちろんのこと、公益事業として制度化されていない福祉ニーズに対しても、地域における公益的な取り組みを実施するか否かは、もとより社会福祉法人の法人理念・使命にもとづいたガバナンスに委ねられている。社会福祉法人の存在意義を考えると、営利企業等では実施することが難しく、市場で安定的・継続的に供給されることが望めないサービスを供給する役割が重要といえる。たとえば、自治体のセー

フティネットを補完し、生活困窮者などに対し「既存の制度の対象とならないサービスを無料または低額な料金により供給する事業の実施」が求められる。法人のガバナンスを強化し、このような社会福祉法人の存在価値を高める経営実践を促すために、社会福祉法24条第2項に「社会福祉法において、日常生活・社会生活上の支援を必要とする者に対して無料又は低額の料金により福祉サービスを提供する」ことを社会福祉法人の努力義務として定めている。

　地域公益的取組の範囲については、24条2項を厳格に解釈すれば、①社会福祉事業又は公益事業を行うに当たって提供される「福祉サービス」であること、②「日常生活又は社会生活上の支援を必要とする者」を対象とすること、③無料又は低額な料金で提供されることが求められる。したがって、社会福祉法人がこれまで取り組んできた様々な地域貢献事業がすべて「地域公益的取組」と認められるわけではない。

　たとえば、地域の障害者、高齢者と住民の交流を目的とした祭りやイベントなど地域福祉の向上を目的とした活動は該当し得るが、当該法人の施設・事業の入所者・利用者と住民との交流活動は、法人事業の一環として行われるものであり「地域における公益的な取組」には該当しないと考えられた。また、環境美化活動や防犯活動は、法人が自主的に取り組むことが出来るものであるが、地域社会の構成員として行う活動であり、「地域における公益的な取組」には該当しないというのであった。つまり、あくまで、地域の日常生活又は社会生活上の支援を必要とする者に対する社会福祉を目的とする取組でなければならない、と考えられたのである。たとえば、大阪の社会貢献事業のような、制度が対象としない生活困窮者に対する公益的活動であって、誰がみても非課税優遇に相応しい取組であることに限定しようとした。

　しかしながら、地域共生社会の実現にむけて社会福祉法人に期待される役割を考える場合には、地域公益的取組の範囲をあまりに厳格に解釈

すると、地域福祉の推進にとって必要な取組でありながら、この対象に含まれないものがあるが、こうした役割をどのように位置づけるべきかという問題がある。たとえば、行事の開催や環境美化活動、防犯活動など、取組内容が直接的に社会福祉に関連しない場合であっても、地域住民の参加や協働の場を創出することを通じて、地域住民相互のつながりの強化を図ることができる。コミュニティ・オーガニゼーションの取組は、地域共生社会の実現に向けて社会福祉法人に求められる役割と考えるが、「日常生活又は社会生活上の支援を必要とする者」を対象としておらず、「福祉サービス」でもないことになってしまう。

　そこで、厚生労働省は、地域公益的取組について、地域共生社会の実現とも整合をとり、間接的に社会福祉の向上に資する取組も含めるなど、弾力的な解釈に変更した。これによって、災害時に備えた福祉支援体制づくりや関係機関とのネットワーク構築に向けた取組など、福祉サービスの充実を図るための環境整備に資する取組も含めることができるとした。地域住民を対象とするボランティア育成、地域住民の居場所・サロン活動、地域住民を対象とする福祉に関わる学習会なども含まれるものとなった。

　このような取組を「地域公益的取組」に含めることに懐疑的な立場もあろうが、こうした活動があってはじめて、地域住民からの理解と協力を得ながら、制度が対象としない社会的弱者に対する包括的な支援体制の構築が可能となり、ソーシャル・インクルージョンの実現につながっていくと考える。

(3) ガバナンス改革にむけて　パブリック・リレーションの構築

　社会福祉法人においても、ガバナンスに対する理念が社会福祉経営者に理解され共有されないと、形式的には法令は遵守されているものの、実際にはガバナンスが機能していないという事態をまねいてしまう。監

査等で不正が発見されなければよいというものではない。一部法人の不祥事を契機にし、社会福祉法人の経営において依然としてガバナンスが形骸化し、実態として機能していないという実態が明らかになれば、国民の信頼は離れてしまう。

　もとより、不祥事を起こさないように監視することだけが、ガバナンスの目的ではない。あわせて、ガバナンスの地域の福祉課題に対し公益的な活動に取り組むなど、公益性、公共性を高め、社会的に評価・信頼されるように、経営者に対し公益的な立場から規律づけを行うことが大切である。法改正がねらいとするガバナンスの改善とは、真面目に社会福祉に取り組む社会福祉法人が社会的に信頼されるための経営改革にある。

　社会福祉法人のなかには、あたかも企業を経営するようにビジネスとして福祉の事業を展開しようとする経営者もみうけられる。問題は、不正がないからよしとするのかである。社会福祉法人制度の本旨からみて、地域貢献事業など補助金や優遇税制に相応しい事業経営のあり方を求めるべきではないかと考える。

　理事会や評議員会が、経営者に対して、経営内容をチェックしつつ、利益の一部を地域に還元し、日常生活等において支援を必要とする者に無料・低額な福祉サービスを提供するように求めるなど、公益を重視した経営をめざすように規律づけることができよう。理事会は、予算及び決算などの計算書類、事業計画・財務計画の審議においても、社会福祉法人に求められる公益性からみて事業経営が適切であるかチェックする立場にある。評議員会も、定款の変更、計算書類、理事の選任・解任、社会福祉充実計画などが議決事項とされていることから、こうした議決事項の審議をつうじて、公益重視の立場からあるべき経営に向けた規律づけが期待される。

　福祉事業には、利用者・家族、行政、地域社会など様々な利害関係者

（ステークホルダー）が存在する。公益性の高い経営とは、社会福祉事業を行う上で、地域の福祉に関わる様々なステークホルダーの利益（地域の福祉に関わる不特定多数の利益＝公益）に配慮し、法人経営の意思決定を行うことが望まれる。株式会社であれば、ガバナンスの改善として、株主との対話が求められる。社会福祉法人も、公益性を高め、地域から信頼されるためにも、ステークホルダーとの対話を重視し、パブリック・リレーションの構築が重要と考える。

　社会福祉法人改革でも、利用者の意見や地域のニーズをいかに法人経営に反映させるかが制度見直しの論点の一つにされた。評議員会が議決機関とされたことから、評議員のメンバー構成が見直されると、地域住民などから法人経営や事業経営について意見を聴取する場がなくなってしまう。そこで評議員会の他に、地域の代表者や利用者・家族の代表者等が参画する「運営協議会」の設置が検討された。住民からの意見聴取は、必ずしも目新しいものではないが、ガバナンス改善と関係づけて再考してみると、公益に関わる地域の利害関係者との対話としての意味があり、地域における社会福祉法人の存在価値を高める活動とみることができる。

　ステークホルダーとの対話を促すもうひとつの仕組みは、「地域協議会」である。「地域協議会」とは、各協議会の代表者、地域住民、所轄庁・関係市町村等によって構成される組織である。社会福祉法人は、これまでも様々な地域貢献活動に取り組んできたが、地域が抱える福祉課題に対応していないものも少なくなかった。こうしたことから、社会福祉法人は、充実計画を作成し地域公益事業を実施にあたって、「地域協議会」において住民その他関係者からの意見を聞き、実際の地域ニーズを把握した上で地域が求める公益的な事業・取り組みを企画実施しなければならないとされた。つまり、社会福祉法人による地域貢献がどうあるべきかは、住民その他関係者との対話によって決まる。

地域には福祉に関わって様々な利害が存在するが、協議会の場を通じてこうした様々な利害と双方向のコミュニケーションが成立する。社会福祉法人の側で対応が必要と考える福祉課題も説明されよう。「地域協議会」での協議検討は、地域が取り組むべき福祉課題についての共通理解の形成にもつながる。ステークホルダーとの対話を通じて、社会福祉法人が取り組む地域の公益活動に対する地域住民の理解が深まれば、事業実施においても住民からの協力も得やすくなろう。こうして考えると、地域において、社会福祉法人による公益的な事業が評価され、社会福祉法人が信頼される上でも、ステークホルダーとの対話を「地域協議会」をいう形で制度化した意義は大きいといえる。

※本章は、独立強制法人福祉医療機構の雑誌WAMに連載した論文を一部修正、加筆したものである。WAM「勘どころ経営講座　福祉施設」2015年4月号から9月号、604号から609号　P30-31。

参考文献

河幹夫・菊池繁信・宮田裕司・森垣学編（2016）『社会福祉法人の地域戦略』生活福祉研究機構

関川芳孝（2017）「社会福祉改革と地域福祉」『日本の地域福祉』30巻，39-47

関川芳孝（2015）「社会福祉法改正が求めるもの」『月刊福祉』2015年10月号，12-16

関川芳孝（2018）「福祉サービスに係る組織や団体の現状と仕組み」全国社会福祉協議会学習双書編集委員会編『社会福祉学習双書2018　社会福祉概論Ⅱ　福祉行財政と福祉計画　福祉サービスの組織と経営』所収，全国社会福祉協議会，136-165

浦野正男編（2018）『社会福祉施設経営管理理論』全国社会福祉協議会

全国社会福祉協議会，（2014）「問い直される社会福祉法人　社会福祉法人の在り方等に関する検討会報告を読む」『全社協ブックレット』③　全国社会

福祉協議会

全国社会福祉経営者協議会編（2016）『社会福祉法改正のポイント —これから
　の社会福祉法人経営のために』全国社会福祉協議会

社会福祉法人制度改革の背景　産業政策からの批判

大阪府立大学　関川　芳孝

1．はじめに

　厚生労働省は、なぜ社会福祉法人制度の抜本改革に取り組んだのか。制度改革の背景としては、民間事業者等とのイコールフッティングへの制度的対応があげられる。なかでも、社会福祉法人制度見直しの直接的なきっかけとなったのは、規制改革会議がとりまとめた規制改革実施計画が閣議決定されたことによる。すなわち、平成25年6月に閣議決定された規制改革実施計画は、①財務諸表の公表、②保育所の第三者評価受審率目標の策定などにとどまっていたが、翌年6月に閣議決定された規制改革実施計画は、「介護・保育事業等における経営管理の強化とイコールフッティング」の立場から、社会福祉法人制度に対し抜本的な見直しを求めるものであった。

　対応が求められた内容は、①財務諸表の情報開示、②補助金の情報開示、③役員報酬等の開示、④内部留保の明確化、⑤調達の公平性・妥当性の確保、⑥経営管理体制の強化、⑦所轄庁による指導・監督の強化、⑧多様な経営主体によるサービスの提供、⑨福祉施設における指定管理者制度の運用改善、⑩社会貢献活動の義務化である。閣議決定では、これについて、厚生労働省に対し、平成26年度中の結論を得て「所要の制度的な措置を講じる」ことを求めることが合意された。かくして、厚生労働省は、規制改革会議がとりまとめた方向にそって制度改正の検討に取り組まざるをえなくなったのである。

　平成25年8月から、厚生労働省社会保障審議会福祉部会において、社会福祉法人制度改革についての審議が開始され、平成27年2月には、

「社会保障審議会福祉部会報告書～社会福祉法人制度改革について～」が
取りまとめられた。社会福祉法人制度創設以来の抜本的な改革であるか
ら、10年、20年後の社会福祉法人制度のあるべき姿や役割を政策ビジョ
ンとして描いたうえ、現在の制度上の課題を論点整理し、将来に向けた
必要な法改正の内容を議論するべきであったと思われるが、そうしたア
プローチはとられなかった。

　厚生労働省は、平成26年12月15日の第39回規制改革会議において、福
祉部会おける社会福祉法人制度改革の審議内容について説明している。
「規制改革実施計画おける指摘事項」を踏まえ、社会福祉法人制度の見
直しの検討が進んでいると報告した。ここで、社会福祉法人制度改革の
考え方は、「基本的にはイコールフッティング」であると説明した。社
会福祉事業に様々な経営主体が参入し、事業形態も変わる中で、社会福
祉法人制度自体ももっと早く改革する必要があったと認めている。

　こうしてみると、社会福祉法人制度改革は、福祉政策の枠組みのなか
で将来の社会福祉法人のあり方をあらためて議論したものというより
は、いわゆる「社会的規制」に対する改革によって民間参入を促進する
という目的から始まったものといえる。すなわち、第二次安倍政権のも
とで進められた一連の経済政策・産業政策のなかで、介護及び保育に関
連する事業を成長産業のひとつと位置づけ、規制改革会議の場において、
規制改革によって事業の拡大を牽引する民間企業の育成及び振興の観点
から、市場における社会福祉法人の位置づけ及び役割が問われたものと
いえるであろう。

２．多様な主体の参入と適切な競争が行われる条件整備

　民間企業等とのイコールフッティングといっても、様々な立場や考え
方がある。厚生労働省も、社会福祉基礎構造改革について審議する過程

において、1998年「社会福祉基礎構造改革について（中間まとめ）」をとりまとめているが、ここで「社会福祉法人の役割、意義や公的助成の在り方、他の事業主体との適切な競争条件の整備などの課題への対応が求められている」、「社会福祉法人に対する規制及び助成の在り方については、公益法人、住民参加型団体、民間企業等の事業主体との適切な競争が行われる条件整備に配慮したものする必要がある」と述べていた。「多様な事業主体の参入」によって、これまでの社会福祉法人制度の基本的なあり方を問い直すべき必要性を認めていたのである。

　しかしながら、何をもって適切な競争が行われる条件整備というのかは、必ずしも明確にされていなかった。介護保険や支援費制度においては、多様な事業主体の参入が認められ、事業内容が同一であれば、給付の内容はもちろん、事業上の運営基準及び指定の方法も同一であり、事業の報酬単価にも違いがない。このことからすると、多様な事業主体が参入し適切な競争が行われる条件整備とは、ひとまずは、事業の基準、指定のあり方、監督の方法、報酬単価について、多様な事業主体の競争条件を同一にするべきとの考えにもとづき検討されたものといえるであろう。

　基礎構造改革においては、多様な事業主体の参入を理由にして、社会福祉法人に対する公的な助成や税制上の優遇措置を見直すべきとは考えられていない。社会福祉事業の主たる担い手であって、公の支配のもとにある社会福祉法人に対する公的な助成や税制上の優遇措置は、制度設計の根幹に関わる部分である。社会福祉法人に対する公的な助成や税制上の優遇措置を廃止すれば、社会福祉法人に対する監督規制のあり方も揺らいでしまう。当時は措置から契約へ転換させるという社会福祉の基礎構造の抜本改革だけでも検討するべき課題は山積しており、とても社会福祉法人制度の改革に取り組む余裕がないというのが正直なところであろう。基礎構造改革において、この問題が正面から指摘されることも

なかった。

　基礎構造改革の後、イコールフッティングの立場から問題を取り上げたのは、公正取引委員会であった。公正取引委員会は、産業における「競争政策」を担っている内閣府所管の行政委員会であるが、社会的規制分野における競争促進の立場から、社会福祉サービスの供給体制に切り込んだ。すなわち、公正取引委員会は、平成14年11月「社会的規制分野における競争促進のあり方について〜政府規制等と競争政策に関する研究会報告書〜」を取りまとめ、公正競争を維持する立場から、介護の分野においても、多様なサービスの提供主体における公正かつ自由な競争を促進していくことが大切と基本的な考えを示した。その上で、①施設介護サービスの提供主体にかかる制限の大幅緩和、②介護サービスにおける自由な価格設定（混合介護）、③利用者に対する適正な情報提供と不当な情報の排除、④特別養護老人ホームと特定施設との介護報酬格差の是正、⑤社会福祉法人に対する優遇措置の見直し等を求めた。公正取引委員会の研究会報告は、厚生労働省がこれまで所与のものとしてきた社会福祉法人制度の基本的なあり方、社会福祉法人の役割に対し、これまでとは異なる産業政策の立場から疑問を投げかけるものであった。ただちに制度改正につながらなかったにせよ、同報告書の発表は、厚生労働省、社会福祉法人ら関係者において激震が走る出来事であった。厚生労働省としても、社会福祉法人に関わる政策を堅持するには、こうした産業政策に対し、説得力ある反論が必要となった。

　厚生労働省が中心となって取りまとめた平成18年「社会福祉法人経営の現状と課題」でも、総合規制改革会議におけるイコールフッティングの議論に対し、基本的な考えを取りまとめている。施設整備に対する補助を社会福祉法人に限定していることは、憲法89条にもとづくものであり正当である。税制面における優遇措置については、営利企業では本質的に行うことが難しい事業、公益性を有する社会福祉事業の担い手であ

る限り、正当と認められると説明している。また、社会福祉法人に対しては、解散時における残余財産を国庫に帰属させることが定められており、撤退規制があることも、優遇措置を正当化する理由の一つにあげていた。

　その上で、社会福祉法人は、①支払い能力が低い者を排除しない（利用料の減免を行う）、②労力・コストのかかる対象者を排除しない、③制度外のニーズに対応することが重要であり、公益性の高い事業を行うことを旨とする社会福祉法人であるから、イコールフッティングの観点から見直しを求められても、税制上の優遇措置の存続を正当化できると考えた。

3．規制改革会議における基本的なスタンス

　このような整理をしたにもかかわらず、規制改革会議のイコールフッティングの議論を契機として、厚生労働省が、抜本的な社会福祉法人制度改革に着手せざるをえなくなったのは何故か。あらためて、社会福祉法の一部改正につながった規制改革会議における「介護・保育事業等における経営管理の強化とイコールフッティング」の考え方を整理し、なぜ社会福祉法人制度を抜本的に改革しなければならなかったのか考察したい。

　規制改革会議は、第二次安倍政権が掲げた主要な経済政策の一つ「成長戦略」に関わる重要な役割を担っており、「経済再生に即効性をもつ規制改革」「緊急度の高い規制改革」の検討に取り組んだ。国民の視点から、制度のあるべき姿に立ち返り、多様な事業主体がサービスの質を高め、「国民の選択拡大」につながる規制改革についての議論が必要と考えられた。

　規制改革会議の設置2年目の平成25年7月からは、所轄省庁や業界団

体が強く反対し、規制緩和や規制の撤廃が困難とされてきた「岩盤規制」の改革を掲げ、「介護・保育事業等における経営管理の強化とイコールフッティング」を早急に検討が必要とされる最優先案件と位置づけた。「介護・保育事業等における経営主体間のイコールフッティング確立、社会福祉法人・株式会社・NPOが同じ土俵でサービスの質を競い合うための環境づくりを行う」ことを目的としたが、実際には、介護及び保育の事業に限定されず、社会福祉法人制度のあり方に関わる規制改革の検討が行われた。

　規制改革会議のねらいは、政府による社会サービス分野における事業者規制の仕組みを、産業政策の立場から共通する枠組みのもとで、あらためて政府による経済活動への関与のあり方を検討しようとするものといえる。すなわち、様々な事業者の参入を認める以上、競争条件は公平でなければならないとの立場から、厚生労働省が、社会福祉法人のみを優遇し、措置制度時代に認めていた財政上の優遇措置をなお続ける根拠は何かと、繰り返し問われた。これは、社会福祉法人を、社会福祉事業の主たる担い手として、厳しい監督規制を加えつつ特別に保護育成する政策をこれからも続ける必要があるのかという問いかけであった。少なくとも介護や保育などの分野においては、措置委託を前提とし社会福祉法人のみを保護・育成する政策手法から転換するべきと迫るものであった。しかも、官邸主導の「成長戦略」を掲げ、産業政策の立場から、今後の社会福祉法人制度のあるべき姿が問われたのである。

　規制改革会議は、介護事業や保育事業に関わる規制の見直しについて検討してきたプロセスのなかで、サービスの主たる供給主体である社会福祉法人のあり方が、福祉サービスを提供するあるべき市場メカニズムに必ずしも適合していないことに気が付いたのであろう。第21回以降の規制改革会議では、「介護・保育事業等における経営管理の強化とイコールフッティング」について審議しているが、主として社会福祉法人

制度における健全なガバナンスのあり方、他の経営主体とのイコール
フッティングのあり方について審議している。

　規制改革会議の委員からは、①効率経営のなかで生まれた社会福祉法
人の内部留保をどう考えるか、②社会福祉法人の財務諸表の公表に対し
どのように考えるか、③社会福祉法人の非課税の根拠についてどう考え
るか、④第1種社会福祉事業における参入規制についてどう考えるか、
⑤経営組織のガバナンスの問題についてどう考えるか、など論点整理の
上、審議が始まった。

　規制改革会議の審議内容からは、①厚生労働省は、社会福祉法人制度
が、公益性の高い特別法人であり「公の支配」におかれているというが、
現実は社会福祉法人に対しては随分ずさんな監督規制の体制となってい
ないか、②補助金や非課税措置など財政上の優遇措置がとられている社
会福祉法人に対しては、厚生労働省及び所轄庁による指導監督のもとづ
き、国民に信頼されるような組織ガバナンスの確立を求めるべき、との
意見が出されている。

　背景には、バランスシートの不備、それをチェックしない所轄庁、社
会福祉法人全体の財務諸表の把握・分析をしていない厚生労働省に対す
る不信感があった。にもかかわらず、公の支配が及んでいない社会福祉
法人に対し財政上の優遇が与えられている。しかも、こうした経営実態
が国民に情報開示されていない。内部留保についても、どのように使う
のかという方針及び再投下の仕組みがない。こうした制度構造に内在す
る問題に対し、行政の監督指導の下で、ガバナンスを強化・徹底するこ
とを求めていた。

　規制改革会議というと、民間事業者に対する創意工夫を可能とするよ
うな規制緩和を検討する場という印象が持たれるが、社会福祉法人制度
については、情報開示も含めたガバナンス規制の強化を求めるという方
針が確認されている。その上で、イコールフッティングについて検討が

必要というのである。平成25年12月20日に開催された第23回規制改革会
議おける論点整理をみておきたい。社会福祉法人制度改革につながる問
題が指摘されている。事業者のガバナンスについての論点は以下のとお
りである。

（1）財務諸表の情報開示
- 厚生労働省は、全国の社会福祉法人の財務諸表を集約し、一覧性及び
検索性をもたせた電子開示システムを構築すべきではないか。
- 厚生労働省は、社会福祉法人の財務諸表の公表において、標準的形式
を提示し、各法人が原則としてHP上で開示を行うように指導すべき
ではないか。

（2）補助金等の情報開示
- 厚生労働省は、全国の社会福祉法人が国や地方自治体から受けている
補助金等の状況を一元的に把握し、国民に分かりやすく開示すべきで
はないか。
- そのために、厚生労働省は、社会福祉法人が受けている補助金や社会
貢献活動に係る支出額等の状況が利用者や国民に分かるよう、標準的
形式を提示し、各法人にその開示を義務づけるべきではないか。

（3）内部留保の明確化
- 社会福祉法人の巨額の内部留保が問題となっている。厚生労働省は、
内部留保の位置づけを明確化し、福祉サービスへの再投資や社会貢献
での活用を促すべきではないか。
- 厚生労働省は、社会福祉法人に対して、明確な事業計画に基づく目的
別の積立（退職給与引当金や修繕積立金等の別途積立金の活用）を行
うことを指導すべきではないか。

（4）調達の公正性・妥当性の確保

• 厚生労働省は、社会福祉法人とその役員の親族や特別の利害関係を有する者との取引について、取引相手および取引内容を開示する等、調達の公正性や妥当性を担保する仕組みを検討すべきではないか。

（5）経営管理体制の強化

• 厚生労働省は、社会福祉法人の内部管理を強化するため、理事会や評議員会、役員等の役割や権限、責任の範囲等を法令等で明確に定めるべきではないか。

• 厚生労働省は、社会福祉法人のサービスに対する第三者評価受審率の数値目標を定めるべきではないか。さらに、一定の事業規模を超える社会福祉法人に対して外部機関による会計監査を義務づけるべきではないか。

（6）所轄庁による指導・監督の強化

• 厚生労働省は、地方自治体等の所轄庁の指導・監督を強化するため、監査のガイドラインや監査人材の育成プログラムを策定することとし、その工程表を策定すべきではないか。厚生労働省は、経営の悪化した社会福祉法人に対して、所轄庁が措置命令等の行政処分に先駆けて助言や勧告を行えるよう社会福祉法の見直しを行うべきではないか。

また、経営主体間のイコールフッティングについては、以下のとおりである。経営主体間のイコールフッティングの確立を求め、特別養護老人ホームへの民間参入、補助金や非課税措置などの財政上の優遇措置の見直しが論点として挙げられていた。

- 介護・保育分野は、営利法人と非営利法人が共存し、同種のサービスを提供する特殊な市場である。多様な経営主体がサービスの質を競い、利用者の利便が高まるよう、経営主体間のイコールフッティングを確立すべきではないか。
- 第一種社会福祉事業の経営主体は、原則、行政又は社会福祉法人と定められている。そのうち、特別養護老人ホームなどの施設は、個別法によっても経営主体が社会福祉法人等に限定されている。厚生労働省は、多様な経営主体が参入して利用者の利便を高めることができるよう参入規制を緩和すべきではないか。
- 社会福祉法人に対しては、補助金や非課税措置などの財政上の優遇措置がとられている。株式会社やNPO法人が参入して同種の事業を展開するようになったという変化を踏まえ、経営主体間で異なる財政上の措置を見直すべきではないか。

4．提示された論点整理に対する厚生労働省の考え方

　第25回規制改革会議では、これに対する厚生労働省の説明として、事業者のガバナンスに対しては、基本的に求められた内容について法改正も含めすべて対応すると回答した。たとえば、社会福祉法人の財務諸表はすべての法人に対しインターネット上での公表を義務づける。交付された補助金の額は、国及び地方自治体分も開示する。内部留保は、建物修繕や人件費などにまず充当し、地域の福祉ニーズに柔軟に対応するため活用する。その使い方についても、事業計画を作成し、使途を明確にした上で説明責任を果たしてもらう。経営組織の内部管理の強化については、理事会等の責任などを法令上明確にする。一定規模以上の法人については外部監査の活用を求める。所轄庁の指導・監督の強化については、どのような支援ができるか検討する、等々である。こうした問題に

ついては、厚生労働省では、これに先立って前年9月から社会福祉法人のあり方等に関する検討会を設置し、法人組織のガバナンス、情報公開について検討していた。そのために、厚生労働省は、こうした規制改革会議が求める課題の対応について厚生労働省としての考えを具体的に説明した。委員からは、実施時期等についての質問がなされたものの、概ね好意的に受け止められた。

他方、厚生労働省は、他の経営主体とのイコールフッティングについては、規制改革会議のスタンスとは対立し、財政上の優遇措置については、イコールフッティングを前提にしても、合理性があると主張し、歩み寄らなかった。また、特別養護老人ホームの参入規制も見直しを考えていないと言い切った。厚生労働省の回答は、以下のように要約できる。

介護保険制度においては、営利法人が行うこれらの事業も含め、同一サービス同一基準の考え方を基に報酬が設定されているため、入所施設についても、概ねイコールフッティングは確立されているものと考えている。また、保育所についても、営利法人等の参入が可能となっており、同様の考え方の下に運営費が支払われている。

特別養護老人ホームについては、要介護度が重度で、低所得の高齢者が数多く入所しており、介護保険による補足給付や社会福祉法人等による利用者負担軽減等、低所得者に対する負担軽減措置を実施しているところである。こうした特性をもつ特別養護老人ホームの運営には、公益性と経営の安定性を担保する必要があり、その設置主体は地方公共団体や社会福祉法人等に限定されている。

社会福祉法人は、公益性を有する社会福祉事業を実施する非営利法人であり、低所得者や生活困窮者の対応など、一定の規制の下で事業を実施することや、地域の福祉ニーズに対応することが求められるため、補助金や税制優遇等を受けている。他方、営利法人はそうした規制なく、事業の効率性を追求し、利益を上げることが可能であり、社会福祉法人

と営利法人等ではそれぞれ異なる役割を有している。

　今後、多様なニーズに合った多様な施設等のサービス提供を促進していくとともに、社会福祉法人が、前述のような地域福祉のセーフティネットとしての役割を適切に果たしていけるよう、地域に不足しているサービス、低所得者や重度介護者への重点的な対応、地域福祉への貢献等を義務づけるなど、必要な制度の見直しを行うこととしている。

　つまり、厚生労働省のイコールフッティング論は、同一サービス同一基準の考え方を基に報酬が設定されており、その限りではイコールフッティングが確保されている。営利法人と非営利法人が共存する市場においては、営利法人、非営利法人それぞれ強みや役割があり、それに基づいてそれぞれが創意工夫し競い合い、国民に対し多様な選択を提示できる基盤づくりが大切であるというものである。同じ入所型のサービスでは、民間企業が経営する有料老人ホームは、自由な価格設定ができ、居住空間も自由に設定できる。他方、特別養護老人ホームは、低所得者が対象となるので居住費用を高くしてはいけない、利用料を減免するように指導されている。社会福祉法人の施設の経営には撤退規制もあり、地域に対する貢献も求められている。こうした違いがあるから、特別養護老人ホームを経営する社会福祉法人には非課税などの優遇措置があっても、競争の平等を前提にして考えても不公平ではないという立論である。

　こうした厚生労働省の説明に対し、規制改革会議の委員からは、非課税の見直しを求めて、厳しい指摘が繰り返された。たとえば、「同一サービス、同一基準の考え方をもとに報酬が設定されているため、おおむねイコールフッティングが確立されていると回答されているのですけれども、同一のサービス、同一基準で提供しているにもかかわらず、社福と社福以外では、課税の有無が、つまり社福については課税がないという差異が設けられています。

41

低所得者や生活困窮者への対応という行為をすればそれについて免税するとか、課税についての考慮をするというのであればまだしも、事業の主体でもって、社福かどうかで、社福であれば課税をしない、という取り扱いをしていることが、同一サービス、同一基準であるからイコールフッティングだという御回答とは矛盾しているように思われるのですが、その点はいかがでしょうか」と、規制改革会議としての基本的なスタンスに立って、厚生労働省の回答を求めた。

　また、別の委員からは、「少なくとも介護と保育に関しては、措置ではなく契約になった時点で、ここは営利法人と非営利法人が混在するマーケットになった。同じサービスを提供する、競合するマーケットになりました。だから、私どもはイコールフッティングということを問題にしています。

　その観点でいいますと、同じ介護保険給付を受けてサービスを提供しながら、なぜ社会福祉法人だけ法人税も固定資産税も非課税なのか。これが私には理解できません・・・・（中略）。

　社会福祉法人というのは生活困窮者ですとか、地域のニーズに応じて社福にしかできない貢献をするのだというお答えでしたけれども、それを提供していない、あるいは提供してもごく微々たるものしか提供していない社会福祉法人については、今後撤退を命じていくおつもりなのか？」と迫った。

　厚生労働省は、制度の趣旨やあるべき論として、社会福祉法人と他の経営主体との課税上の取り扱いの違いを正当化しようとしたが、規制改革会議の委員は、イコールフッティングの理解が異なり、厚生労働省の説明では納得しなかった。経営主体に関わらず、低所得者や生活困窮者への対応しているのであれば、非課税扱いとする、対応していないのであれば、社会福祉法人であっても、課税するという整理は、ある意味正論でもある。

また、「社会福祉法人は、低所得者や生活困窮者の対応など一定の規制のもとで事業を実施することや地域のニーズに対応することが求められているので、補助金や税制上の優遇を受けているということなのですが、今実態としてどうなっているのかということについて、どれくらいの社会福祉法人が低所得者や生活困窮者に対応しているかというデータを見せていただければと思います」と指摘され、立法事実たる根拠が十分でないことを突かれている。

　これに対し、厚生労働省は、法律改正し地域貢献を義務づける仕組みを作った上で、対応しない、社会的役割を果たさないという法人があれば、まずは指導を徹底する、最終的には解散命令もありうると回答した。低所得者や生活困窮者のニーズに対応については、正確に把握していないが、おおむね３割ほどの法人が対応していると思うと回答をしたが、財政上の優遇措置を正当化する根拠事実が乏しいとの印象を委員に与えてしまった。

　第25回規制改革会議では、座長の最後のとりまとめの発言は、イコールフッティングに対する双方の見解の違いについての落としどころを示唆するものであった。すなわち、「今日の厚生労働省の御回答でわかりましたという話ではどうもなさそうなので、引き続き私どもも検討してみます。要は、すべてのことをイコールフッティングにするのか、あるいは形は違うけれども、中身も含めて、全部を綜合的にみたら、かなりイコールフッティングではないかと。今日の御説明は後者のように聞こえるわけです。そうであるならば、我々から見てもそうだなというような状態にしていく必要があるのかなと。

　例えば、税の優遇制度を受けているわけから、もっと社会貢献、地域貢献、福祉貢献をどんどんやらなければいけないという御説明がありました。であれば、PL上の利益の半分を必ずそちらに使うことを義務付ける。そして、使ったことが翌年のPLに明確に出てくるとか、そう

いうような基準でも設けないと、ただ社会貢献、地域貢献するから、一般法人と違って税のメリットを受けるというだけでは足りないのかなという印象を持ちました」と述べて、議論を終えている。

5. イコールフッティングのあり方をめぐって

第27回の規制改革会議では、イコールフッティング論、特に①参入規制の見直し、②財政措置の見直しについて論点を絞り、あらためて、厚生労働省の回答を求めた。第一に、参入規制の見直しについては①特別養護老人ホームについては、利用者保護を図りつつ、多様な経営主体の参入による利便性向上を目的として参入時の資格要件や撤退時の規制を新たに導入しつつ、法人形態による参入規制を見直してはどうか、②指定管理者制度等の公募要件において株式会社を除外しないよう地方公共団体に勧告してはどうか、という規制改革会議の考えに対し、厚生労働省の回答を求めた。

第二に、財政措置の見直しについては、①地方自治体が独自に実施している助成・補助制度において経営主体による差異を設けないよう勧告してはどうか、②介護保険事業など民間事業者と競合するサービスを提供する社会福祉法人には、収益の一定割合（法人税相当額）を、一定の社会貢献活動（生活困難者に対する無料・低額の介護や地域福祉への貢献活動など）への支出に充てることを法令等で義務づけてはどうか。これらの義務を着実に履行させるため、地域貢献事業への拠出制度の創設と併せて、義務を履行しない場合は法令違反として業務停止等の対象となることを明確化してはどうか、について厚生労働省に回答を求めた。

厚生労働省の回答は、指定管理者制や補助金の問題など譲れる部分は受け入れたものの、特別養護老人ホームへの参入規制については、厚生労働省の特別養護老人ホームの役割論にもとづくイコールフッティング

の考え方を繰り返し、他の経営主体に参入を認める必要がないとの立場を堅持した。

　また、地域貢献活動への拠出の義務化については、取り組み状況の公表を進めていく中で適切な指導を行う旨の説明がされた。義務づけの方法については、社会福祉法人のあり方検討会などで議論しつつ、大きな方向としてこれを進めていきたい。地域貢献会計など、会計区分を明らかにするような改正も将来視野に入れたいと回答した。規制改革会議の考えに沿って地域貢献活動を義務づけることには反対しなかったものの、義務づけの方法、実効性の担保については、具体的に説明しなかった。

　イコールフッティングの立場から、社会福祉法人に対し地域貢献活動を義務づけることで民間企業等と平等な競争条件が確保されると理論構成したものの、義務づけても実行しない社会福祉法人に対して、どのように対応するのかが問題となる。厚生労働省があいまいにした義務づけの方法について、委員からは次のような意見があった。「地域貢献活動への拠出ですが、これは社会福祉法人としての存在意義、つまり税制優遇を受けるだけの資格があるか、ないのかを判定する極めて重要な要件になりますので、義務づけの方法が大変重要だと思っております。特に、介護、保育という民間と競合する分野については、優先して義務づけの方向を明確にしていただき、拠出していない場合には退出させるといったペナルティまで明確にしていただきたい」。

　これに対しては、厚生労働省は、次のように対応することを約束した。「社会福祉法人の存在意義であるわけですので、きちっと社会貢献していくということについては、我々も何をどうするべきかを含めて指導していかなければいけない。そういうことをやっていないところについては、当然指導していくというのは、この会でもやれていないところについては指導していくと申し上げていますので、まず第一段階は指導す

る。なおらなければ改善命令をかける。最後は理事長の交代も含めていろんな方法があると思っています」。

イコールフッティングの理解は大きく異っていたが、株式会社が納税により利益の一部を社会に還元するのに対し、社会福祉法人は、地域貢献の義務づけによって利益の一部が地域に還元されたならば、営利法人と非営利法人で税制上の取り扱いに違いがあっても、市場の競争条件が均衡すると考えを示し、歩み寄った。社会福祉法人に対し社会貢献活動の義務づけ（利益の一部を社会に還元）を通じて、収益事業として課税対象となっている営利法人と競争条件の均衡をはかることが、市場におけるイコールフッティングの確立を進めるものとして認められた。

規制改革会議におけるこうした議論をもとに、社会保障審議会福祉部会でも地域公益的取組の義務づけが検討された。しかし、福祉部会では、社会福祉法人制度の本旨として、地域公益的取組が求められると説明した。あえてイコールフッティングの議論をしなかったものと思われる。こうしたこともあって、地域公益的取組は法律上努力義務とされていることから、一部の社会福祉法人においては「努力義務だから、しなくともよい」「強制されるものではない」と受け止めているところもある。多くの社会福祉法人が実施しなければ、イコールフッティングの立場から、あらためて制度改正が求められよう。実施しない社会福祉法人に対し、どう対応するのかについては、政策的には十分詰められていない。

社会福祉法人は、時代の福祉ニーズに対し柔軟に対応し、最後のセーフティネット機能を果たしていくことがもとめられており、これは非営利・公益法人としての社会福祉法人の使命といえる。最後のセーフティネット機能を強化するなど、非課税に相応しい地域公益的取組の実績が必要である。

6．まとめ

　社会福祉法人も、営利企業と対等に競争し、質の高いサービスを提供し利用者から選ばれることにより、事業の継続が可能となるように、あらためて福祉市場の整序をめざすべきではないか。規制改革会議の議論は、営利企業が参入し形成されている福祉市場においては、一般的な市場のルールをもとに、社会福祉法人を優遇するサービス供給体制の再検討を迫るものであった。すなわち、産業政策としてみれば、国は、介護や保育の分野について関与のあり方を転換し、営利企業に対しても補助し、起業のチャンスを与えた上で、公平な競争が成立する基盤をつくり、介護や保育の分野を将来の成長産業として育成するべきではないか、というのであろう。これとの関係でいえば、社会福祉法人に対する従来の保護育成のための優遇措置は、営利企業にとって、参入障壁であり公平な競争を阻害するのものとして、規制改革の俎上にあげられたのである。

　こうした立場から福祉の市場をとらえた場合では、厚生労働省が社会福祉法人に対し特別に保護育成を続けることは、産業政策のなかでは合理的な根拠をもちえないものとなる。さらに突き詰めて考えていくと、社会福祉法人制度それ自体の存在意義は、措置制度にもとづく社会福祉施設の運営にしか見いだせないのではないか。たとえば、八代がいうように（八代 2013：99）、介護や保育等の分野の社会福祉法人に対しては、特別な保護を与えないが規制は緩やかにし、営利企業とのイコールフッティングを徹底することも考えられるが、そのような法人は、必ずしも社会福祉事業を主たる目的とする特別法人である必要もないように思われる。つまり、社会福祉法人制度を将来的に存続させる必要があるのかという問題に突き当たる。

　社会福祉事業法の措置制度時代においては、国及び地方公共団体が自ら施設を建設し運営するべき社会福祉施設について、もっぱら社会福祉

法人だけが、補助を受けて社会福祉施設を整備し、所定の監督規制のもと、地方自治体から委託を受けて施設を運営する公的な存在であった。したがって、財政的な優遇措置も、社会福祉事業法時代の社会福祉行政の立場からは、当然に正当なものとして肯定されてきた。しかしながら、社会福祉基礎構造改革をへて措置制度から利用契約制度に転換し、営利法人を含め多様な経営主体が参入できる供給体制のもとでは、社会福祉事業法時代の考え方が共有されない状況が現れた。

　所定の市場のもとで営利企業によっても提供される介護サービスには、公共性も慈善性も認められない。不特定多数の利益となるという意味では、サービスの提供に公益性を認めることはできるが、財政上の優遇措置を受けることのできない営利企業についても、同じようにサービス提供に公益性を認めなければならない。つまり、社会福祉法人の介護サービスだけが特段の公益性があるわけではない。仮に違いを認めるとすれば、低所得の利用者に対し利用料の減免を行うなど、低所得の要介護高齢者に対する福祉として行う介護老人福祉施設としての性格が認められる場合であろう。堤が、イコールフッティングの立場から、公益性を認められない社会福祉法人の経営による介護事業は、原則課税対象とする割り切った考えも成り立つとしている（堤 2017：18）。自治体の要請から虐待ケースを受け入れる、セーフティネットとして低所得者に対し費用を減免するなど、実際の経営において社会福祉事業として評価できる部分をもたなければ、社会福祉法人であっても、財政的な優遇措置に相応しい公益法人ということはできないと思われる。

　制度見直しの考え方とすれば、財政的な優遇措置に相応しい実績のある法人ないし事業にのみ優遇措置を限定するか、財政的な優遇措置に相応しい取組を義務づけ強制するか、あるいは措置事業以外は財政的な優遇措置を廃止するかの三つであろう。今回の社会福祉法人改革では、規制改革会議における議論を踏まえ、財政的な優遇措置に相応しい取組を

義務付け強制する方法を選んだことになる。こうしたことが、社会貢献事業、地域貢献事業の義務づけ、社会保障審議会福祉部会における社会福祉法第24条2項、日常生活及び社会生活において支援を必要とする者に対する「無料低額」で行う地域公益的取組の義務づけにつながるのである。

かくして地域公益的取組の義務づけは、社会福祉法人について、社会福祉事業の主たる担い手である非営利・公益法人としての性格づけを明確にするものといえる。そしてこうした社会福祉法人の位置づけが、あらためて産業政策の立場からも受け入れられたことは重要といえる。同じ市場において、社会福祉法人は公益性を高める方向で特性を活かす、営利法人は営利性を発揮する方向で特性を活かす。供給体制の充実・強化においては、営利・非営利ともが特性を発揮できるような適正な競争環境を整序し、社会福祉法人に対しては課税に代わる役割を付加することにより、営利企業の立場からも、総じてイコールな競争条件が確保されていると納得できる状態を作り出す。規制改革会議では、こうしたことが、介護及び保育にかかるイコールフッティングのあり方として、合意されたと言って良い。

社会福祉法人のこうした役割を、事業戦略上も民間企業などが参入する福祉サービスの供給体制においても積極的に位置づけ、地域公益的取組を展開し実績を積み上げることが重要である。こうした実績が評価されたならば、社会福祉法人は、非課税にふさわしい公益性の高い法人として、国民からも信頼されるに違いない。しかしながら、一部の社会福祉法人であれ、公益性を高める取り組みをせず、あたかも営利企業のように経営し続けるならば、イコールフッティングの立場から、そのような社会福祉法人をどのように扱うべきか、社会福祉法人制度を存続させる必要があるのか、あらためて問われることになろう。

参考文献

伊奈川秀和（2001）「社会福祉法人法制についての一考察」『法政研究』68(1)，25-47

古都賢一（2015）「社会福祉基礎構造改革から生活困窮者自立支援法へ：その思いと願い（特集 コミュニティソーシャルワーク その源流と新たな展開を探る）」『コミュニティソーシャルワーク』15号，5-28

原田啓一郎（2014）「社会福祉法人」『社会保障研究』4号，23-49

狭間直樹（2018）『準市場の条件整備』福村出版

社会福祉法人経営研究会編（2006）『社会福祉法人経営の現状と課題』全国社会福祉協議会

田中孝明（2007）「規制改革の動向と社会福祉法人の経営改革」『久留米大学文学部紀要 社会福祉学科編』7号，57-69

堤修三（2007）「社会福祉法人制度は存続しうるか」『社会保険旬報』No.2303，26-32およびNo.2304，16-20

八代尚宏（2002）「社会福祉法人の改革--構造改革の潮流のなかで」『社会福祉研究』85号，19-26

八代尚宏（2003）『規制改革「法と経済学」からの提言』有斐閣

八代尚宏（2013）『規制改革で何が変わるのか』ちくま書房

全国社会福祉協議会（2015）「社会保障審議会福祉部会報告書を読む」『全社協ブックレット』⑤ 全国社会福祉協議会

社会福祉法人制度改革の歴史的意義
社会福祉法人制度の本旨について

大阪府立大学　関川　芳孝

1．はじめに

　社会福祉制度改革では、社会福祉法人制度の本旨であるという理由から、社会福祉法人に対し地域における公益取組を義務づけた。社会福祉法人においては、社会福祉基礎構造改革以降、様々な形で地域貢献活動に取り組んできた。こうした地域貢献活動の捉え方は様々であろうが、法人がフィランソロピーとして任意に行うべき性質の活動として捉えると、法的な義務づけには適しないように思われる。こうした活動が求められるのは、どのような理由からか。社会福祉法人には、企業の社会的責任のように、利用者以外の様々な利害関係者の存在を意識し、地域の福祉課題に対しても対応するべき社会的な責任があると考えるべきなのであろうか。そもそも、社会福祉法人とは、こうした制度外のニーズや地域課題への対応を積極的に取り組むべき存在と考えられてきたのであろうか。

　社会福祉基礎構造改革において、改革後の社会福祉法人の新たな役割について検討しているが、社会福祉事業にかかる福祉サービスの供給確保の中心的な役割を果たすことのみならず、地域における様々な福祉ニーズにきめ細かく柔軟に対応し、あるいは制度の狭間に落ちてしまった人々への支援をも行うことによって、地域の福祉ニーズを満たすことを本分とする存在としてとらえられるべきものとし、社会福祉法第24条の「経営の原則」において「社会福祉事業の主たる担い手として」と定めているのも、このような趣旨によるものであると説明している（社会

福祉法令研究会 2001：153-157）。

　北場も、社会福祉基礎構造改革によって、利用契約へと転換し供給体制が変容する中で、社会福祉法人に対し、住民の立場に立って、地域福祉の観点から各事業者間の連携を図り、地域の公益・共益的な社会資源を掘り起こしながら、地域にふさわしいサービス網を構築する役割を期待したいと述べている（北場 2005：298）。供給体制が市場化する中で、営利企業と異なる役割を明確にするためにも、これからの社会福祉法人には、公共性（公益的活動をすること）が求められるというのである。このように、社会福祉法人による地域公益的な取組の必要性が、社会福祉基礎構造改革を契機に論じられるようになっていった

　しかしながら、同第24条の「経営の原則」を読む限りでは、利用契約制度のもとで、経営する事業を確実、効果的かつ適正に行うため、①経営基盤の強化、②サービスの質の向上、③事業経営の透明性の確保が、主要な経営課題であるとしているように読める。これに対し、社会福祉法人について、経営する社会福祉事業にかかる福祉サービスの提供の他に、制度の狭間のニーズや地域福祉の様々な課題に対応することを本旨とする存在であると解釈することができるのか、必ずしも十分に考察されてこなかった。

　社会福祉法人制度改革では、あらためて社会福祉法第24条の「社会福祉事業の主たる担い手として」社会福祉法人に求めるべき役割について検討し、同条第2項において「地域公益的な取組」として定め、これをすべての社会福祉法人に義務づけた。しかし、これが、企業のフィランソロピーのように社会貢献を義務づけたものではないとすると、どのような説明が可能なのだろうか。さらにいえば、社会福祉法人に対しこうした役割が「社会福祉法人制度の本旨」として義務づけられるのは、社会福祉基礎構造改革によって、利用契約制度のもと福祉サービスの供給主体が多様化し、非課税の取り扱いなど優遇措置を継続させる説得的な

根拠が新たに必要となったからなのであろうか。

これに対し、社会福祉法人には、非課税の取り扱いなど優遇措置を定めた制度創設時から、このような役割が期待されていたとの指摘もある（増田 1998：34）。つまり、社会福祉事業の担い手として、公的な制度外の福祉ニーズに積極的に対応することが、社会福祉法人の固有の役割と考えられていたのではないか。社会福祉法人制度創設の経緯や目的を検証しつつ、地域公益的取組を義務づけた社会福祉法人改革の歴史的意義について考えてみたい。

2．社会福祉事業法成立の経緯

社会福祉事業法の成立および社会福祉法人制度創設の経緯について、大まかに振り返っておきたい。戦後の生活保護・社会福祉の基礎構造は、GHQの占領政策のなかで形成されている。なかでも、国家責任、公私責任分離、無差別平等は、戦後の社会福祉事業の体制を整備する上でも、GHQの基本政策とされていた。たとえば、昭和21年2月に出されたGHQ覚書（SCAPIN775）「社会救済」は、厚生省に対し、国家責任による福祉体制の構築を求めており、民間社会事業については「私的又ハ準政府機関ニ対シ委譲サレ又ハ委任サルベカラザルコト」と条件を付けた。GHQは、昭和21年10月には、公私責任分離の原則を徹底させるべく、「政府の私設社会事業団体に対する補助の件」によって、厚生省に対し民間社会事業団体への補助を禁止する旨の通知をだした。この後、新憲法が同年11月3日に公布されたが、憲法第89条は公の支配に属しない慈善・博愛の事業に対し、公金支出を禁止することを定めていた。そのため、社会事業を経営する者に対する政府による補助を定めていた社会事業法は事実上死文化したといわれる。このことが、社会福祉事業法の制定が必要とされる理由の一つとなった（黒木 1951：19）。

昭和23年3月、GHQは、厚生省に対し「社会事業法が死文化しており新社会情勢即応の新立法により戦後の社会事業の整備を図り社会事業の組織的発達を期すべし」と新法制定に向かって取り組むことを示唆したという（飯原 1947：6）。厚生省においても、社会事業法の改正を検討し始めた。参議院厚生委員会は、社会事業振興方策要綱を作成し、公私社会事業の整備拡充を厚生省に対し提案した。さらに、GHQは、昭和24年11月「昭和25年度において達成すべき厚生省主要目標および期間についての提案」（六項目提案）を行っているが、ここでは「公私社会事業の責任と分野の明確化」が含まれていた。この提案が、社会福祉事業法制定の直接的なきっかけとなった（吉田 1979：483）。

　厚生省は、GHQによる提案への回答として、「社会福祉事業体系整備案」を取りまとめて、報告している。同整備案には、社会福祉事業体系整備の原則として、①公的責任を民間に転嫁してはならないこと、②民間に対する公の関与から政府をして完全に分離せしむること、③公の支配に属しない民間社会事業に対し、政府は財政的援助（契約による国有財産の貸付はこれを除く）をしてはならないこと、④政府機関は、その固有の業務遂行上必要な費用を民間から受けてはならないこと、⑤公的責任を民間に転嫁しない限り、政府は民間からその役務を購入することができること、が明記されていた（黒木 1956：199）。この整備案については、GHQからも受け入れられ、社会福祉事業基本法の原案となった。

　ここでは、私的社会福祉事業体系の確立及び公的社会福祉事業体系の確立にむけての方策が列挙されているが、私的社会福祉事業体系の確立については「社会事業法人制度の創設」があげられていた。社会事業法人制度の創設理由として、「公益法人の簇生乱立、その財政的基礎の薄弱又は責任の所在の不明確等の理由により事業の純粋性の保持に欠くるものもあって、法人に対する信頼も失し、ひいては、課税除外等の特典

も喪失する虞なしとしないので、似非的社会福祉事業を淘汰して健全な法人のみを育成助長する必要があること」と説明している（黒木 1956：200）。

　厚生省は、昭和25年1月から社会福祉事業基本法案を検討し、最終案では法律の名称を「社会福祉事業法」に修正し、昭和26年3月国会に法案提出している。そして、社会福祉事業を経営する主体として「社会事業法人」制度の創設が社会福祉事業基本法案において提案されていた。これとあわせて、民間社会事業に対する公費助成も規定されていた。

　昭和25年10月に社会保障審議会は、民間社会事業について「特別法人制度の確立等によって組織的発展を図り、公共性を高めることによって、国及び地方公共団体が行う事業と一体となって活動しうるよう、適切な措置をとる必要がある」と勧告した。社会保障審議会勧告があって、公の支配のもと、公共性が確保される民間団体に対しては国又は地方公共団体による財政的支援も一定の条件のもとに許されるのではないかと考えられ、社会福祉事業法においても、災害の緊急復興に限り補助が認められることになった（黒木 1951：65）。

　こうしてみると、社会福祉法人制度創設の意義は、戦前社会事業法の時代に展開された民間社会事業の一部を、戦後構築された国及び地方自治体が公的な責任によって社会福祉事業を行う新たな組織体制のもとで、公共性の高い社会福祉法人として相応しい法人を審査の上あらためて認可し、公の監督のもとで公的な社会福祉事業を委託実施する主体として位置づけたところにある。つまり、公の支配のもとにある社会福祉法人を創設することにより、財政的な援助及び非課税優遇の特典を与えることのできる仕組みを考え、戦前の民間団体及び施設を再建整備しようと考えたのである。そして、木村忠二郎による『社会福祉事業法の解説』を読む限りでは、制度外の福祉ニーズに対応することが、社会福祉法人制度の本旨であるとの説明は確認できない。以下では、あらためて

制度創設時の議論を振り返り、社会福祉法人制度創設の趣旨を検討して
おきたい。

3. 社会福祉法人制度創設の趣旨

　社会福祉法人制度創設の趣旨は、木村忠二郎によると、社会福祉事業
の純粋性と公共性を確保するために創設されたものであると説明されて
いる。社会福祉事業法制定以前では、社会事業を行うことを目的として
設立される法人は、民法上の公益法人であったが、当時の公益法人には
種々雑多なものがあり、その社会的信頼においても、社会福祉事業の健
全性を維持する上においても遺憾な点があり、純粋性を確立するために
特別法人として社会福祉法人の制度を設けることにした、と説明する
（木村 1951：28）。

　純粋性の確立とは、社会福祉事業を行うことを主たる目的として設立
された法人であることを意味し、社会福祉事業以外の公益的な事業を行
う法人は、それが付帯的な公益事業として認められない限り、社会福祉
法人として認可されない。つまり、公益法人の中から、社会福祉事業を
行うことを主たる目的とする公益法人だけを改めて審査の上、社会福祉
法人として認可することにより、純粋性を確立しようとした。

　また、公共性とは、公的な社会福祉事業を実施するに相応しい組織的
かつ財政的基盤を有した法人である必要があり、社会的弱者に対し個人
としての尊厳を認めつつ、公の監督のもと法定の運営基準に基づき適切
な社会福祉事業を営むべきものと考えられ、民法上の公益法人以上に公
共性の高い特別法人が必要と考えられた。つまり、社会福祉法人制度の
創設により、民間社会事業のうちでも、経営基礎のぜい弱や事業実績が
芳しくない公益法人等の経営主体については、社会福祉法人として認可
しないことにより、社会福祉法人と区別しようとした。

社会福祉事業を行うことを主たる目的とする事業主体をあらためて社会福祉法人として認可し、公共性を担保するため国及び地方自治体の監督のもとで社会福祉事業の民主的かつ公正な経営が確保される仕組みとして、社会福祉法人制度が創設された。国及び地方自治体の監督のもとで経営される社会福祉法人による社会福祉事業であれば、公の支配に属することから、憲法89条のもとであっても、社会福祉法人の事業に対し公費助成ができると考えられた。これによって、民間社会福祉事業を再建整備し、民間社会福祉事業の組織的な安定と発展を図ろうと考えたのである。結果として、民間社会福祉事業の純粋性及び公共性を確保するために社会福祉法人制度を創設したことが、民間の社会福祉事業に対する国又は地方公共団体による財政的援助の道を開くことにつながったといえる。

　社会福祉法人制度の創設が検討され始めた一方で、新生活保護法に置いては昭和25年5月に保護施設を設置する公益法人に対する施設整備の補助を認めている。しかし、木村や黒木らは、当時の公益法人の状況や制度上の不備などから、戦後も引き続き公益法人制度の枠組みのなかで社会福祉事業が行われることに不信感を抱いていた。民法上の公益法人をもってしては、新しい社会福祉事業の主体となり得ないとの判断から、特別な法人制度の確立が必要と考えられたといえるであろう。

　当時、社会福祉事業は、個人及び任意団体の他、民法上の公益法人によって運営されていたが、社会福祉事業を行う民法上の公益法人は公益法人全体のなかでも一部を構成するにとどまり、文化などの公益事業の占める割合が大きかった。昭和25年当時の東京都の調査によれば、東京都が所管する公益法人は882法人であるのに対し、社会福祉事業を行う民法上の公益法人は252法人にすぎなかった。他方、昭和26年当時の厚生省の調査では、全国の社会福祉事業を行う民法上の公益法人1384法人のうち、成績良好とされた法人が619法人、存続不要とされた法人が182

法人あったという。こうした状況を踏まえ、社会福祉法人制度の創設により、社会福祉事業を行うことを目的として組織される法人を新たに認可し、公益法人とは別個の標識を与え、明確に区別しようと考えたのである（木村 1951：47）。

　当時の公益法人のなかには、本来取り組むべき定款で定めた公益事業に専念することなく、収益事業の経営を行い、なお非課税の取り扱いを受けていた。しかも、実際の事業経営において不明朗な会計処理など様々な弊害が生じ、社会的な信頼の失墜を招いていた。シャウプ勧告に於いても、このことが指摘され、公益法人に対する租税法上の非課税の取り扱いを見直すよう勧告された。かくして、公益法人に対する課税除外の再検討という事態に至り、社会福祉法人制度を創設し、社会福祉事業に対する社会的な信頼を回復するとともに、課税除外の実績を堅持し、収益事業を法定し更により良い特典を得ようと考えたと説明されている（黒木 1951：62）。

　これとともに、憲法89条が公の支配に属さない民間の慈善・博愛事業に対し公金支出を禁じたことから、民間社会福祉事業に対し公的な援助等の道を開くことも、社会福祉法人制度創設のねらいの一つであったとみることができる。黒木も、民間団体に対する財政援助の問題を解決するため社会福祉法人制度が考え出されたと説明している。つまり、民間社会事業の再編のために、社会福祉法人制度を創設し、①社会福祉事業に対する社会的信頼を回復するため、社会福祉事業の純粋性と公共性を確保するとともに、②公の支配に属する民間社会福祉事業に対し、公費助成の道を開きつつ、課税除外の実績も堅持しようと考えたのである。

　『黒木利克追想録』において、森は「近代社会福祉事業の基礎作り」のなかで、社会福祉事業法の成立当時、黒木が「社会福祉法人制度は、実は民間社会事業に対する補助金制度の途を開くために考え出したものだ。公の支配に属する要件を社会福祉法人の認可条件に入れておけば憲

法八九条の違反にはならない。将来必ず補助金なり公金の利用が可能となる」と述べていたと回想している（森 1980：92-93）。

社会福祉法人制度創設の意義について、関係者の制度創設当初の考えをまとめるならば、昭和27年に出版された『社会福祉法人の手引』が説明するように、次の三つの理由から社会福祉法人制度の創設が必要とされたと整理できる。すなわち、①民間社会事業界の再編整備、②民間社会福祉事業の民主化、③助成の復活である。

『社会福祉法人の手引』によれば、民間社会事業界の再編整備とは、民間社会事業の経営主体の組織的財政的基礎の整備充実をねらい、社会福祉事業の公共性と純粋性を確保し、ひいては社会福祉事業に対する社会的信用の回復を図ろうとした。次に、民間社会福祉事業の民主化とは、法人経営監理を理事による合議制にし、監事を設けることによって、経理の厳正を図ることである。最後に、助成の復活とは、公の支配・監督のもとにおき、将来的に災害復旧以外の場合でも公費助成の復活への道を開くこと、である（社会福祉行政研究会 1952：8-9）。

以上のように、社会福祉法人制度創設の経緯を大まかに振り返ってみる限りでは、制度外の福祉ニーズに対応することを社会福祉法人制度の本旨とするという議論が確認できない。むしろ、熊沢がいうように、措置委託を前提にし、公の支配・監督のもと、国や地方公共団体に準じた立場で、公的な社会福祉事業を行うことを本旨とする公共性の高い特別法人であると見るべきではなかろうか（熊沢 2002：103）。このように理解すると、社会福祉法人制度創設のねらいとは、社会福祉法人に対し、公的な制度外の福祉ニーズに対応することを期待し、必要な財政的な支援を行う仕組みを考えたものではないともいえそうである。社会福祉法人とは、どのような事業を行うことを本旨とする特別法人であったのか、あらためて制度創設当初の議論をもう少し掘り下げて検証する必要がある。

4．社会福祉法人に期待された事業領域

　社会福祉事業法に定める社会福祉事業は、第一種社会福祉事業と第二種社会福祉事業に区別され、第一種社会福祉事業は、特に公共性の高い事業であり、施設収容による人権侵害や搾取の恐れもあり、施設入所者の人格の尊厳に配慮する必要から確実かつ公正な運営が求められることから、国及び地方公共団体の他、社会福祉法人に限定した。

　第一種社会福祉事業は、国及び地方公共団体の他、社会福祉法人のみに認められていたが、第一種社会福祉事業を経営する主体として社会福祉法人の制度が作られたわけではない。社会福祉事業法は、第一種社会福祉事業及び第二種社会福祉事業を問わず、社会福祉事業を行うことを目的とし組織される法人であれば、原則的に社会福祉法人であるべきことを建前として、社会福祉法人制度を創設させた。これについて、木村は、「第一種社会福祉事業でなければ、個人が社会福祉事業をおこなうこともでき、社会福祉事業を行う民法上の公益法人もありうるし、その他の法人でも社会福祉事業を行うことができるが、社会福祉事業の主体の主流になるものは、社会福祉法人でなければならない」と述べている（木村 1951：142-146）。このことからも、社会福祉事業の主たる担い手として社会福祉法人を位置づけており、社会福祉法人制度の創設によって、社会福祉法人を中心として戦前からの民間社会事業を再編整備しようとするというねらいが読み取れる。

　制定当時の社会福祉事業法に定める社会福祉事業は、主として生活保護法や児童福祉法など法律に定める施設・事業によって構成されており、国及び地方公共団体が実施責任を負っている公的な社会福祉事業である。当初から、社会福祉事業法は、公私責任分離を原則としながらも、国及び地方公共団体が、公的な社会福祉事業を民間の社会福祉事業を経営する者に委託することを認めていた。このことからも、公的な社会福

祉事業は、社会福祉法人に期待された事業領域であると言えるであろう。

　他方、社会福祉事業法が定める社会福祉事業には、公的な社会福祉事業に該当しないものも含まれている。たとえば、第一種社会福祉事業の生活保護事業では、生活保護法に定める養老施設、救護施設、更生施設の他、「その他生計困難者を無料又は低額な料金で収容して生活扶助を行うことを目的とする施設を経営する事業」、「生計困難者に対し助葬を行う事業」が加えられている。生計困難者とは、生活保護の対象となる者の他、生活保護の対象とならないが、これに準ずる低収入を得て生計に困難をきたしている者も含まれると理解されている。そして、生活扶助の内容も、生活保護の定める生活扶助の範囲より広く、生活に関するすべての扶助を含むものであり、生計困難者に対し助葬を行う事業は、従来から弊害があるので、社会福祉法人に限定し、第一種社会福祉事業とした、という（木村 1951：36）。

　同様に、第一種社会福祉事業である経済保護事業においては、授産事業が定められていた。これは、生活保護法の定める授産事業の他、生活保護の対象とならない就職困難者に対する授産事業を含むものとしている。これを第一種社会福祉事業として定めた趣旨は、もっぱら社会福祉法人が生活保護の対象とならない生計困難な者等を対象とする授産事業を実施することを想定していたことになる。

　同様に、第二種社会福祉事業においても、生活保護事業、経済保護事業、医療保護事業などでも、生計困難者に対する無料又は低額で必要な援護を行う事業が幾つか定められている。たとえば、生計困難者に対して、その住居で衣食その他日常の生活必需品若しくはこれに要する金銭を与え、又は生活に関する相談に応ずる事業がある。生活保護の対象とならない者に対しても、日常生活に必要なものを供与する事業であり、「秋田感恩講」など、院外救助がこれにあたると説明されている（木村

1951：40)。また、経済保護事業には、生計困難者のために、無料又は低額な料金で、簡易住宅を貸し付け、又は宿泊所その他の施設を利用させる事業があった。その他、医療保護事業には、生計困難者のために、無料又は低額な料金で診療を行う事業が定められていた。

　生計困難者に対する社会福祉事業の幾つかは、戦前から社会事業法が定める社会事業として行われていたものである。たとえば、社会事業法施行規則では、救護所その他貧困者を収容して生活扶助を為す事業、貧困者に生活に必要なる金品を給興する事業（1条）、施療所その他無料または軽費を以て診療を為す事業の他、産院その他無料または軽費を以て助産を為す事業、無料または軽費を以て薬品の配給を為す事業（3条）、貧困者保護のため行う事業として、授産場その他授産を為す事業、無料または低廉なる料金により宿泊を為さしむる事業、無料または低廉なる料金により設備を利用せしむる事業、低廉なる価格を以て日常生活に必要なる物品を供給する事業（4条）が定められていた。

　社会福祉事業の範囲については、社会福祉事業法においても、明確な定義を定めることができず、社会事業法と同様に該当する事業を列挙する方式をとった。何が社会福祉事業に該当するかについては、木村は、従来の社会福祉事業の範囲についての学説を参酌し、社会通念に合致するようにつとめ、さらにこの法律の立案の趣旨にてらしてその範囲を列挙的に定めたと述べている（木村 1951：33)。このことからも、戦前において社会事業として認められていた事業の幾つかは、社会通念に照らして考え、戦後も引き続き社会福祉事業として認められたと考えられる。つまり、戦前の民間社会事業の幾つかは、公的な社会福祉事業に該当しないものであっても、社会福祉事業法のもとで社会福祉事業として継承された。黒木も、第1種社会福祉事業及び第2種社会福祉事業の細分は、社会事業法の定める事業分類に相当し、新たに身体障害者福祉法が定める事業を加えたと述べている（黒木 1951：82)。

このことからわかるように、生計困難者を対象とする無料又は低額な料金で行う社会福祉事業などは、生活保護法、児童福祉法、身体障害者福祉法に規定されない社会福祉事業に当たる。それは、公費が支払われる措置委託の対象にならないが、貧困に関わる制度外の福祉ニーズに対応する事業であり、戦後も引き続き社会福祉法人をはじめ民間社会福祉事業に期待される本来的な事業領域として想定されていたと考えられる。

　もう一つの問題は、社会福祉事業法が定める社会福祉事業に該当しないが、もっぱら民間の裁量に委ねられた社会福祉事業を社会福祉法人創設時に想定していたのか、である。木村は、「ここにかかげられた事業以外の事業であっても、社会福祉事業といえるものはあるであろうが、本法ではこれを社会福祉事業として取扱わない」という（木村 1951：33-34）。こうした考えからすると、社会福祉法人など民間社会福祉事業が、制度外の福祉ニーズに対しあらたに事業を始めても、社会福祉事業法が定める社会福祉事業から該当しない事業については、政策的にはこれに関知しないというスタンスである。逆に言えば、民間社会事業が裁量と責任において自由に行うことのできる社会福祉事業領域が社会福祉事業法の外に存在することを認めていたと言える。

　厚生省社会局庶務課長であった大崎は、『社会福祉行政法』において、法律が定める社会福祉事業の「範囲以外にも所謂社会福祉事業と考えられるものが存在し、これは、将来必要に応じ法律を改正し社会福祉事業の範囲内に加えられ、この法律の対象となり得るものである」と説明している（大崎 1956：18）。制度外の福祉ニーズに対応する民間社会福祉事業の存在と役割を認め、公的社会福祉事業へとつながる可能性を肯定的に認めていた。大崎の指摘するように、社会福祉事業法成立後、公的な社会福祉制度が拡充に合わせて、法改正され社会福祉事業の範囲も拡大していった。歴史的事実としてみれば、一部の社会福祉法人の先駆

的な取組が、公的な社会福祉事業の拡充に寄与したことは認めてよいであろう。

　また、厚生省は、社会福祉法人の認可に当たって、社会福祉法人が社会福祉事業以外に「社会福祉を目的とする公益事業」の実施を認めていたことも、この問題を考える上で見逃すことができない。社会福祉事業法が成立した当初は、社会福祉法人が行う「公益事業」について定められていなかったが、社会福祉法人の認可に当たって、社会福祉事業に関連する公益事業は「附帯事業」として認められていた。

　社会福祉行政研究会『社会福祉法人の手引き』によれば、「社会福祉法人の事業は社会福祉事業であることを本旨とするのであるが、必ずしも社会福祉事業に限定されず、社会福祉事業を基本的事業とする限り、一定の範囲でそれ以外の公益事業をも兼営することが認められる。附帯事業の経営は直接法律の規定に基づいて行われるものではないが、社会福祉事業の現状からみてこれを認めることが事実上適当と考えられている。附帯事業は社会福祉事業に対し補完的な役割を果たす場合は勿論、並行して行われる場合であっても社会福祉事業に付随的なものでなければならない」と述べている（社会福祉行政研究会 1952：35）。実務上も、社会福祉事業法が定める社会福祉事業に該当しない事業を行っている公益法人が、社会福祉法人の認可を求める場合に、当該事業を廃止しなければ認可しないとも言えなかったのであろう。

　また、社会福祉事業法の制定時から社会福祉協議会が地域の「社会福祉を目的とする事業」に関わることが定められていたことも示唆的である。社会福祉法人など社会福祉事業を経営する者も社会福祉協議会の構成メンバーであることからすると、社会福祉事業に該当しない「社会福祉を目的とする事業」は、社会福祉法人などが共同募金を活用し社会福祉協議会と連携して行う民間社会福祉事業と考えられていたのではないであろうか。こうして考えると、法律が定める社会福祉事業の領域の外

にも、民間社会福祉事業固有の領域が存在し、社会福祉事業の主たる担い手である社会福祉法人にこうした領域における事業展開が所与のものとして期待されていたと考えることができる。

　既述のとおり、社会保障制度審議会が、「民間社会事業に対しても、その自主性を重んじ、特性を生かすと共に、特別法人制度の確立等により、その組織的な発展を図り、公共性を高めることによって、国及び地方公共団体が行う事業と一体となって活動しうるよう、適当な措置をとる必要がある」と勧告し、社会福祉法人制度が創設された。この勧告の趣旨からすると民間社会事業には①民間社会事業の特性を発揮し、公益事業として自主的に取組むべき領域とともに、②国及び地方公共団体と一体となって行うべき公的な社会福祉事業の領域があり、二つの領域において事業を行う主体を想定し、社会福祉法人制度の創設が必要と考えられたのである。つまり、社会福祉法人には、制度の定める公的な社会福祉事業以外にも、民間の社会福祉事業の主たる担い手として、民間の創意と工夫によって、自主的に実際の個別の福祉ニーズに対応し新たな事業を始め福祉サービスを提供する役割が当初から期待されていたと言える。

5．社会福祉事業における公民の役割

　以上のように、社会福祉法人制度創設時から、社会福祉事業法が定める社会福祉事業には、法律により国及び地方公共団体の公的責任とされる公的な社会福祉事業と事業の実施を民間事業者の裁量と責任に委ねられた社会福祉事業領域が存在し、さらには社会福祉事業法が対象としていない民間による社会福祉事業が存在すると考えられていたことが明らかになった。ところで、社会福祉法人制度創設に関わった関係者は、公的な社会福祉事業と私的な社会福祉事業との関係をどのように考えてい

たのであろうか。GHQの占領政策との関係を踏まえ、さらに検討したい。

　GHQの占領政策においては、公私の責任分離の徹底が、GHQの占領政策が始まった当初から大きな問題となっていた。GHQの構想では、生活困窮者や児童福祉、障害者等に対しては国及び地方公共団体の公的責任によって福祉の措置が講じられるような実施体制が構築されるべきであり、福祉の措置を行うために公立施設を整備するように求めていたからである。

　こうした公私責任分離の考えから、前述のとおり、GHQは、まず1946年10月「政府の施設社会福祉事業団体に対する補助に関する件」において、政府及び地方公共団体は私設社会事業団体の創設・再興に補助金を交付してはならないと通知した。同年11月に日本国憲法が公布され、公の支配に属しない民間の慈善博愛事業に対し、公金支出が禁止される。こうして、社会事業法にもとづく民間社会福祉事業団体に対する補助ができないことになった。

　GHQの公私責任分離とは、公的な社会福祉事業の実施主体はあくまで国及び地方公共団体であり、民間社会福祉事業の役割は、公的な社会福祉事業が対象としないニーズに対応することであると考えていた。つまり、民間の社会福祉事業の領域は、公的な社会福祉事業の領域と完全に分離されたものであるべきであり、民間の社会福祉事業が国や自治体に対し財政的な援助を求めることがあってはならない、逆に国や地方公共団体も民間社会福祉事業が自主的に取り組むべき事業に対し不当な関与を行ってはならないと。つまり、GHQの立場からは、民間社会福祉事業の活動は、地域のニーズに応じた福祉目的の公益的な活動など、公的な社会福祉事業以外のことが行われるべきである、と考えられていた。公的社会福祉事業が対応しない分野こそ民間社会福祉事業に期待される事業領域があり、双方が関連し協力してこそ、社会福祉事業の発展につながると考えられた。

66

たとえば、GHQにおいて公衆衛生福祉部福祉課長であったネルソン・B・ネフは、社会福祉事業の公私関係について、次のように説明する。「国と地方公共団体が最低生活水準の保障と、貧しい住民の保護に全責任を負うのが今日の方向ではあるが、国や地方公共団体以外の団体や個人が、それぞれのコミュニティのニーズを充足する活動にボランティアとして協力することによって社会福祉計画に参与する余地は残されており、また今後ともそれは存在しつづけるであろう。政府責任と民間の努力はたがいに補足し合うものでなければならない。・・・・従来、この両者の関係について数多くの理論が展開されてきたが、なかでもイギリスのシドニイ・ウェッブ（Sydney Webb）の理論が有名である。

　ウェッブの「繰出し梯子理論」によれば、公私社会事業の関係は消火活動にあたって用いられる繰出し梯子に比せられる。ホースを携えた消防夫ないし救助の手を、ある高さまで―たとえば2階の窓まで―届ける基本の梯子は、公的な責任と努力を示すものと考えられる。しかし、政府がその任務を遂行するに用いる財源―税収入―には限りがあり、そのためその基金が充足しうるニードにもおのずから限界がある。消防隊はそうした基本の梯子のみならず一組の繰出し梯子をも装備している。そして、この梯子によって消防夫はより高所に、たとえば3階または4階もしくは最上階の窓にまで達することができる。政府が提供しえないものは何事によらず、民間人の努力によって補われなければならない。公的扶助は税収入でまかなわれる。しかし、公共福祉制度のもとでは、貧困者に対する最低生活の保障以外に多くの付加的サービスが必要であり、それらを発展させる責任は民間機関に課せられている。（ネフ1950：804-805）」

　ネフは、同論文において、繰出し梯子理論をもとに、公私責任の分離について、さらに次のように述べている。すなわち、「公私の機関の責任の明確化とともに、これら2種類の財政責任をも明確に分離すべきこ

とが認識されなければならない。民間組織への政府責任の転嫁や、民間の寄付を公共施設の維持に用いるというような従来の行き方は正されなければならない。1946年2月27日付連合国最高司令部指令第775号はこうした行き方を停止させ、同時に準政府機関の創設を禁じた。国の統制下におかれていない慈善的・教育的または博愛的事業に公共の基金を用いることは日本国憲法第89条違反である。民間福祉サービスは大部分民間の寄付に依拠すべきであり、その方法の改善は共同募金を通じて実現される」（ネフ 1950：805）。つまり、GHQが考える公私責任分離の原則とは、民間社会福祉事業について、公的な社会福祉事業以外の領域において、市民ボランタリーな組織に準じた独自の役割が期待されており、国や地方公共団体がこれに不当に関与してはならないことを明らかにしたものと言える。さらには、公的な社会福祉事業が対応しない地域社会の福祉ニーズに対し、公費財源に頼らずもっぱら寄付等の自主財源によって、自発的に必要な事業や活動を行う存在と考えていた、と言えるであろう。

　こうした公私の責任分離の原則にもとづきつつ、あくまで例外的な措置として、国及び地方公共団体が、当該地域に公的施設がないため保護を必要とする者に対し公的な責任を果たせない場合に限って、民間社会福祉事業を経営する者に対し、福祉の措置を委託することができないか、検討された。戦後の急激なインフレ等により、財団法人の経営資源は減少し、事業継続が困難になるほど深刻な状況におかれていた。厚生省は、GHQに対し、民間施設の継続に対し公的に財政支援が行えないか、公的施設が存在しないところでは、当面民間の施設に頼るしかないと訴え、協議を重ねた。

　GHQとの交渉に当たった黒木は、戦後社会福祉事業の公私関係のあり方について、次のように述べている。すなわち、「公の社会事業は如何なる責任があり、民間のそれには如何なる活動分野があるのか、民間

の事業に対する公の関与はいかにあるべきかの問題であり、理論的ない
し方向としては一応繰出し梯子説によって「公」最低生活保障の梯子、
「私」はそれ以上の梯子の分野があり、公はその責任を私に転嫁せざる
べく、民間又その独立を保持し、先駆的実験又は補充的役割を果たすべ
きである、というのが各国の通説で普及している。しかしながら、現実
にはしかく割切れない問題がある。国が最低生活の保障を完全に果たす
には施設がたりないし、陣容がたりない。もっとも民間に対する補助に
代えるに、国や地方公共団体自ら施設を設置すべきであるとも言えるが、
止むを得ず民間の施設に依存せざるをえない。これが委託を認めざるを
得ない理由である（黒木 1951：63）」。

　黒木らは、戦後の生存権保障の理念から公的責任による社会福祉事業
の実施体制の確立には、GHQが主張する公私の責任分離が戦後社会事
業の近代化にとって意義あるものと一定の理解を示しつつ、当時の日本
の現状を考えるとGHQから示された欧米の社会事業の理念をそのまま
当てはめることについては、現実的ではないと考えていた。公私を完全
に分離することについては、現実には困難な問題があり、法律上は抽象
的に規定されているが、実際の運用に当たっては実情とあまり遊離しな
いように留意するとし、民間の社会福祉施設に対象者の保護を「委託」
するという戦前からの方針を踏襲すると述べている（黒木 1951：91-
92）。

　木村も、国や地方公共団体は、公的責任を明確にした上で、民間の社
会福祉事業を経営する者に委託し、正当な対価を払い、責任を果たすに
たるサービスを買い入れるのであるから、公の責任は果たされており、
公私責任分離の原則に反しないと説明している（木村 1951：53）。GHQ
の考えにもとづきつつ、社会福祉事業法に公私責任分離の原則を定めな
がら、戦前から行われてきた「委託」という方法を継承し、公的な社会
福祉事業の実施主体に民間社会福祉事業の主たる担い手である社会福祉

法人を取り込むことに成功した。しかし、このことは、民間社会福祉事業の担い手を公的な社会福祉事業だけに専念させるために社会福祉法人制度が創設されたわけではない。むしろ、社会福祉法人制度の創設は、社会福祉の向上と発展に寄与できる民間社会福祉事業の再建整備を狙いとしており、社会福祉法人には、民間の社会福祉事業に期待される創意工夫を発揮し、新たな社会福祉事業の開拓・実施という役割が期待されていたと考える。

6．民間社会福祉事業の存在理由

　昭和26年、サンフランシスコ平和条約の締結により、GHQの占領統治も終了すると、公的な社会福祉事業における社会福祉法人の経営する民間施設が拡大する。社会福祉事業法は改正され、施設整備に対する補助も、災害時の緊急復旧以外にも認められるようになった。そして、民間の社会福祉施設に対する措置の委託が、民間社会福祉事業の主たる事業領域となっていく。こうした現象に対し、社会福祉法人の経営する社会福祉施設が、国及び地方公共団体が行う福祉の下請け的な存在となっていることが問題とされ、あらためて民間社会福祉事業の存在理由が問われるようになった。

　たとえば、岡村は、民間社会福祉事業の役割について、イギリスやアメリカにおける従来からの通説的な見解を紹介しつつ、シドニイ・ウェッブの「繰出し梯子理論」に対しても批判的検討を加えていた。すなわち、繰出し梯子理論では、公的社会福祉事業と民間社会福祉事業について、相互に明確に独立した別個の事業領域を認めようとする。しかしこうした見解は、公的社会福事業に対し民間社会福祉事業の存在理由を明らかにするものであるが、不当に両者を異なる事業領域として考えてしまう結果、公的社会福祉事業と民間社会福祉事業に共通する性格を無視して

いると批判する（岡村 1956：4）。

　公的社会福祉事業と民間社会福祉事業との関係について、岡村の以下のような指摘は示唆的である。社会変化の急激な現代の社会では、住民の生活上の要求は速やかに変化する。社会福祉事業はこの要求の変化に対応しうるものでなければ存在意義を失う。法律の改正によってのみ事業方針や内容を変更しうる公的社会福祉事業はこの点において弱点を持っている。したがって、これを補うために民間社会福祉事業が登場しなければならない。「弾力性」あるいは「創意」というのは、民間活動の恣意的な自由を意味するのではない。社会の要求に対応せんとする公私社会福祉の連帯責任の一半を民間の社会福祉事業が担うことに他ならない。そこに前提とされているものは、社会福祉における公私の協同・連帯ということである、というのである。岡村は、こうした公私の協同を前提にしつつ、「公私分離の原則」を考えるべきと主張する（岡村1956：11）。

　こうした立場からは、岡村は、公的責任において実施されるべき社会福祉事業の委託を民間社会福祉事業が受けることが問題ではないという。すなわち、社会問題の解決に必要となる事業運営等のあり方について、民間社会福祉事業の側からも、制度や現状に対し批判的な改善提案ができるような協同の方法が模索されるべきである。さらに、民間の行う福祉サービスが必要なものであれば、政府は財政支援を行うことで、民間の社会福祉事業であっても安定した事業運営が可能となる、と主張する。

　社会福祉法人を始めとする民間社会福祉事業には、国及び地方公共団体と一体となり、公的な社会福祉事業を措置委託により実施しながらも、民間社会福祉事業ならではの強みを生かし、公的な社会福祉事業が制度上対応できない制度外の福祉ニーズにも対し柔軟に対応し、新たな福祉課題の解決に取り組むべき存在であるべきと考えられていた。

黒木は、こうした当時の岡村の論文に応答し、論文をまとめている。すなわち岡村の理論は、イギリスにおける社会福祉の公私関係をモデルにしているが、実際に日本において成立しうるものなのか疑わしいと反論する。歴史的事実としてみると、戦前の社会事業は、慈善的な性格を継承しつつ、十分な組織基盤を持たず、皇室からの補助金に満足し、国民からの寄付を得て新たな事業の開拓にも取り組んで来なかった。こうした歴史的背景を持った民間社会福祉事業が、イギリスの民間社会福祉事業のように、民間社会福祉事業の特徴ある活動を展開し、国民から信頼され国民個々のニーズを満足させる活動をする存在となるには、民間社会福祉事業を経営する者に、以下のような経営努力が必要と述べる。すなわち、①経営理念から慈恵性を排除し民主的経営に切り替えること、②施設職員の資質向上を図ること、③社会福祉事業に対する国民の支持を強化すること、④開拓的活動や公的社会福祉事業の補足的活動を行うこと、⑤国及び地方公共団体へ様々な働きかけを行うこと、である。

　なかでも、開拓的活動や公的福祉事業の補足的活動について、公的社会福祉事業が直ちに実施することが困難な活動を率先して取り上げることを求めていた。黒木によれば、こうした活動は、社協の協力のもとに行うことによって成功する可能性が高い。社協中心に地域社会のニーズを発見し、その解決に団体や施設が協力し、経営その他の援助は地域の協力を仰ぐことも可能となる、というのである。民間社会福祉事業固有の活動領域に対し、こうした国民から信頼される実態があって、国や地方公共団体からの支援も可能となると論じている。岡村の理論については一定の理解を示しつつ、民間社会福祉事業の再編をそのような方向に転換するには、民間社会福祉事業の経営に改革が必要と述べていた（黒木 1958：472-475）。

　こうして歴史的な経緯を踏まえ、社会福祉法人制度創設の趣旨に立ち返って見ると、社会福祉法人とは、民間社会福祉事業の主たる担い手と

72

して、公的な制度に基づく福祉サービスのみならず、制度外の福祉ニーズに対しても、支援が必要な住民に対し福祉サービスを提供し、地域の福祉課題の解決に取り組むことが期待された存在であったといえる。GHQの占領政策のなかでは、民間社会福祉事業の領域は、公的社会福祉事業とは明確に区別され、制度外のニーズに対応することを本旨とする存在として考えられていた。これに対し、厚生省は、民間社会福祉事業にも措置の委託を認めることにより、公的な福祉サービスの供給体制を確立した。社会福祉事業法制定当初には社会福祉法人制度の創設により民間社会福祉事業が発展するように期待されながらも、措置委託の制度のもとでは支払われた公費を制度外のニーズへ対応する費用に活用することが厳格に禁じられ、民間社会福祉事業として期待された社会福祉法人による公益的な取組を行うための経営基盤の確立が困難であった。また、社会福祉法人制度の運用においても、社会福祉事業の本来的な役割であるホームレスなど生活困窮者・低所得者への様々な支援や地域の福祉ニーズに対し福祉目的の公益的な活動を行うことが重視されることがなかった。むしろ、社会福祉法人には、委託された措置の実施に専念することが求められた。

　2000年の社会福祉基礎構造改革において、措置から契約に福祉サービス提供の仕組みが転換したのを契機に、あらためて社会福祉法人に求められる役割が検討され、改正された社会福祉法においても、「地域福祉の推進に努めること」「社会福祉事業の主たる担い手として」事業を展開するべきことが、明記された。社会福祉法改正の趣旨からみても、公的な社会福祉事業では対応できない福祉課題に対し、社会福祉事業の主たる担い手である社会福祉法人がボランタリーに問題解決に取り組むことで、福祉が市場化される中でも、公益性の高い民間社会福祉事業の存在理由が証明できるはずであった。

参考文献

飯原久彌（1947）「社会保障の勧告と社会福祉事業法について（1）」『社会保険旬報』284号，6-7

木村忠二郎（1951）『社会福祉事業法の解説』時事通信社

北場勉（2005）『戦後「措置制度」の成立と変容』法律文化社

北場勉（2000）『戦後社会保障の形成―社会福祉基礎構造改革の成立をめぐって』中央法規

熊沢由美（2000）「社会福祉事業法の制定」『現代社会文化研究』No.19，115-142

熊沢由美（2002）「社会福祉法人制度の創設―社会事業法の制定をめぐって」『社会福祉研究』83号，968-104

黒木利克（1951）『現代社会福祉事業の展開』中央社会福祉協議会

黒木利克（1958）『日本社会事業現代化論』全国社会福祉協議会

黒木利克（1956）『改訂増補　社会福祉主事』中央法規出版

黒木利克（1951）「社会福祉事業法について―戦後社会福祉行政の展開―」『法律時報』23(6)，66-70

黒木利克追悼録刊行会（1980）『黒木利克追悼録』

増田雅暢（1998）「今日の福祉状況と社会福祉法人の意義」『社会福祉研究』72号，28-39

増田雅暢（2001）「福祉サービスと供給主体」日本社会保障法学会編『講座社会保障法③社会福祉サービス法』法律文化社

松端克文（1989）「我国における社会福祉施設の展開と公私関係」『佛教大学大学院研究紀要』17巻，121-149

ネルソン・ネフ（1950）「戦後日本の社会福祉の展開に関する一考察」社会保障研究所編『戦後の社会保障　資料』至誠堂，793-813

小笠原浩一（2002）「社会福祉法人の改革と施設運営の課題」『社会福祉研究』(85)，27-34

岡村重夫（1956）「公私社会事業の関係について」『社会事業』39(11)，4-15

岡村重夫（1959）『社会事業要論』ミネルヴァ書房

大崎康（1956）『地方行政全書　社会福祉行政法』良書普及会

社会福祉行政研究会（1952）『社会福祉法人の手引き』中央社会福祉協議会

社会福祉法令研究会編（2001）『社会福祉法の解説』中央法規出版

田中孝明（2006）「社会福祉法人制度改革における基本的論点と今後の課題—法人創設をめぐる議論を素材として」『久留米大学文学部紀要』社会福祉学科編 6 号，77-84

吉田久一（1979）『現代社会事業史研究』勁草書房

吉田久一（1979）「社会事業法・社会福祉事業法の成立」『日本社会事業短期大学研究紀要』25巻，19-55

社会福祉のサービス供給主体と公私関係
—— 「地域共生社会」における社会福祉法人の役割の検討をかねて

関西大学　橋本　　理

1．はじめに

　社会共生社会のコンセプトは、地域において「誰もが支え、支えられる社会の実現」を目指す点、専門分化した縦割りの福祉供給のあり方を改め、多様で複雑化した福祉課題に対して分野を問わずに包括的な支援体制による解決を目指す点にあると要約できよう。この2つのポイントは、「我が事・丸ごと地域共生社会」というフレーズで喧伝されている。すなわち、地域共生社会においては、住民が主体的に地域課題を把握して解決を試みる体制づくりの必要性が説かれ、「他人事」を「我が事」に変えていくような働きかけや地域の課題を「丸ごと」受け止める場をつくりだすことが求められているのである。

　少子高齢化や人口減少などを背景として、地域には様々な福祉ニーズや生活上の課題を抱える人々が存在しており、住民が地域の課題解決に向けて自発的に取り組むことによって、それらの課題解決に向けた取り組みが広がることの必要性は認められよう。しかし、地域共生社会というコンセプトの提起には検討すべき論点がいくつか含まれている。例えば、根本的な問題として、そもそもなぜ他人事を我が事として理解しなければならないのか、また、他人事を我が事に変えることが推奨されるようになったのはなぜか、さらには、地域住民による自主的な取り組みは国が推奨することによって進められるようなものであってよいのか、といった疑問が検討されてよいだろう。

　地域共生社会というコンセプトは、これまでの社会福祉や地域福祉に

関する政策の展開との関わりから、どのように捉えることができるであろうか。社会福祉基礎構造改革以降、民間の事業者によるサービス供給を推進するかたちで政策が展開されてきたことが、地域共生社会というコンセプトを打ち出す必要を迫ったとみることもできよう。すなわち、社会福祉基礎構造改革以降の社会福祉制度に内在する問題への対応（つじつま合わせ）として、地域共生社会というコンセプトが登場してきたと考えられるのである。

　地域共生社会というコンセプトに対する上記の疑問について検討するうえでは、社会福祉サービスの供給主体や地域福祉の主体について考えることが有効であろう。本稿では、社会福祉における「経営」の理解や市場を通じたサービスの特徴の検討を通じて、上記の課題について考察を加えたい。なお、この課題の検討は、社会福祉における公的責任とは何か、といった課題とも大いにかかわる。社会福祉法人は社会福祉における公私の役割分担を考えるうえで独自の位置にあり続けてきている。本稿の後段では、「地域共生社会」のもとでの社会福祉法人の役割について若干の考察を加えたい。

2．福祉サービスの市場化と地域共生社会

　今日の社会福祉に関する諸制度は、社会福祉基礎構造改革の流れをうけて、「措置から契約へ」というフレーズに代表されるように、擬似的な市場のもとで利用者とサービス供給者が対等な関係にたち、契約に基づきサービスが供給される仕組みが取り入れられている。サービスの質の向上のために人材の養成・確保や事業の透明性の確保が図られ、多様な事業主体の参入が促進され、さらには、利用者保護制度が創設されるなど、利用者の「選択」のための仕組みがつくられてきた。具体的には、高齢者を対象とした介護保険制度、障害者を対象とした支援費制度や障

害者自立支援法、障害者総合支援法、子供・子育て支援新制度などが導入されてきた。

　他方、介護保険制度のもとでは地域包括ケアシステムの推進によって、自助・互助・共助・公助の組み合わせによって国民の自立した生活が支えられることの重要性が説かれるようになった。介護保険制度において利用が増えることは制度が有効に機能していることを示すはずなのだが、介護保険財政を圧迫するものとして捉えられ、「介護保険制度の見直し」が議論されるに至った。そのようななか、生活支援や介護予防サービスの提供主体として地域住民・ボランティアを活用した地域支援事業が創設されるなど、地域における住民の助け合い活動が制度に位置づけられた。地域共生社会は地域包括ケアシステムを深化させたものとして位置づけられており、「地域力強化」の必要性が述べられるに至っている。

　では、介護保険制度に代表される社会福祉基礎構造改革以降の諸制度の導入は何をもたらしてきたのか。介護保険制度では、利用者と事業者を契約の主体として位置づけた。利用者側に関しては、必要とするサービスを利用者自らの意思で選択することを可能とした。もちろん、要介護認定による利用上限の設定、サービスメニューの限定など、介護保険サービスの利用範囲には限りがある。だが、その限度内において原則１割負担でサービスを利用できる。事業者側に関しては、居宅サービスについては一部のサービスを除き営利法人の参入も認められることになった。介護保険施設の運営主体については依然として社会福祉法人や医療法人等に限定されているが、居宅サービスについては、法人格を有して要件を満たせば指定介護サービス事業者になることができ、制度の許す範囲内で、事業者の自由な意思に基づいた事業展開ができる。

　すなわち、純粋な市場ではないものの、介護保険制度においては、利用者も事業者も、自らの意思に基づいて契約を結ぶことが前提となって

おり、市場原理にしたがった行動をとればよい。したがって、利用者も事業者も、「お互い様」「世のため人のため」「地域のため」「社会のため」といったことを考えることなく、自らの利益が最大となる選択をすればよい。もちろん、現実には常に純粋に経済的な動機のもとで事業者や利用者が意思決定をするわけではないだろうが[1]、市場原理のもと個々の主体が自らの利益を最大化するべく意思決定することを前提とした制度設計となっている。そのようななか、利用者も事業者も経済的な主体としての意識を持つようになる状況がみられている。例えば、助け合い活動からスタートして介護保険事業に参入したNPO法人の現場では、助け合い精神や感謝の気持ちで成り立っていた利用者と提供者の関係が損なわれ、それぞれが権利主体としての意識を持つといった状況がみられている[2]。社会福祉基礎構造改革以降の諸制度は、地域共生社会のコンセプトが推奨するような助け合いの精神ではなく、経済的な動機に基づく意思決定を促してきた。

　また、事業者に関しては、事業への参入の自由もあれば撤退の自由もある。経営者は自らの経営資源の許す範囲内で最善の意思決定をすればよい。経営者の意思に即してサービスの提供量や提供内容を自由に定めることができる。地域でサービスが不足していても、事業者の都合による撤退を止められるわけではなく、サービスを必要とする人々にサービスが提供されない状況を回避することはむずかしい。自治体が介護保険事業計画で、必要な介護サービスの内容や量について定めたとしても、民間の個々の法人の自由な意思決定に任せた制度設計のもとでは、その必要に応えるだけのサービスを確保できない状況を防げない場合が生じ

---

[1] 現実には、サービスの利用・提供に関わる高齢者やヘルパーが、思いやりの気持ちや感謝の念などを抱くこともあろう。介護にかかわらず、商品のやり取りがなされる際に、経済的な動機とは別の次元で、売り手・買い手間のコミュニケーションがとられることは一般にみられる。
[2] その例は橋本［2016］で論じた。

る。介護保険制度の創設当初、「保険あってサービスなし」を危惧する声があったが、そのような危惧が現実になることを防げない制度設計となっている。

　社会福祉のサービス供給を民間の個々の法人の意思決定に任せるという制度設計のもとでは、地域のなかで暮らす人々の生活課題をトータルに把握して向き合う仕組みを誰がどのようにつくりあげるのか、その責任を誰が負うのか、といった課題が生じる。市場原理のもとでの契約を前提とした制度設計は、我が事と他人事を区別し、事業者も利用者も自らの利益を最大化する意思決定を推し進める。そのようななか、地域包括ケアシステムの構築の必要性が強調されるようになってきたのは、市場原理を活用した制度だけでは人々の必要に対応しきれないことが明らかになってきたことを示しているとみることもできよう。

　地域包括ケアシステムの考え方を発展させた地域共生社会というコンセプトは、他人事を我が事として捉えることの意義を説く。だが、社会福祉基礎構造改革以降の市場原理を活用することを目指した諸制度においては、契約の論理によって他人事と我が事を区別する世界を広げてきた。今日の社会福祉の諸制度は、人々の生活をニードという言葉で分解してサービスメニューによって提示された商品の供給によって対応しようとする。しかし、そのような対応では、人々の暮らしをトータルに支えられないことが明確になってきたのではないか[3]。地域共生社会のコンセプトが提起された理由もここにあるのではなかろうか。

3　例えば、次のような指摘が参考になろう。真田是は「ニーズ論は、社会福祉の需要をトータルに捉えるのを妨げるものになっている」と述べる。さらに、「ニーズ論では、社会福祉はそれぞれのニーズにばらばらに対応し充たせばよい。社会福祉の実践というのは、需要者をニーズの破片に分解して、ものによっては充たし、ものによっては諦めさせることになり、まことにプラグマティックなものになっている。こうなると、人間の生存権がリアルなものとして見えず捉えられないのは当然である。人間がニーズの破片に分解されて見えなくなっているからである」と論じている（真田［1996］97-98）。

地域共生社会のコンセプトにおいては、地域課題の解決に向けて、他人事を我が事に変えることが推奨されるが、他人事を我が事として捉えるということは、私的な領域の問題ではなく社会的な問題としてその課題を捉えるということである。だが、国は社会福祉制度改革によって、私的な領域を広めてきた。その延長線上に、地域共生社会の提起がなされている矛盾をみておかねばならない。また、地域共生社会によって制度の狭間への対応を図る必要があると説明されるが、私的な領域の広がりと並行して制度の狭間がつくられてきた経緯を認識しておく必要があろう。

社会的な問題の解決に向けて、最も力を有するのは国である。国は制度を設計し、税や社会保険料などを通じて資源を集めてそれらを配分するあり方を決定できる唯一の主体である。地域課題を住民自身が主体的に取り組むことの意義は住民自身によって認識されてよいが、資源を集めて配分する権限を持つ国の力をどのように活用するのかがあらためて問われている。

3. 地域共生社会の構想とサービス供給主体

社会福祉基礎構造改革以降の諸制度は人々が抱える課題をサービスメニューとして提示された商品によって対応することを目指す。商品化にそぐわない課題が残されることになるが、制度外や制度の狭間にある課題については地域住民の相互の助け合いによって解決が目指される。制度では対応できない課題、制度の狭間にある課題について対応するのが地域福祉の役割であると理解され、その実現に向けて地域共生社会の実現が提唱されている状況にある。社会福祉基礎構造改革以降の諸制度は、人々の課題をニードという概念のもと機能的に分析し、現実の課題に実践的に対応するべくその政策目的を限定したうえで提起されてきた

ものと位置づけられよう[4]。だが、このような制度設計のあり方について、少なくとも現行の制度に照らし合わせてみると、いくつかの考慮すべき点があげられる。それは、いわゆる「制度内サービス」と制度外で対応すべき課題を区分することに関わっている。第1の論点は、そのような区分のもとでの供給主体や供給のあり方の位置づけについてである。第2の論点は、地域福祉が上記の区分のうち主として制度外の課題に対応するものだという把握についての是非である。

　第1の点について、社会福祉基礎構造改革のもとでは、上にみたように、民間の諸法人が個別に自らの経営資源の許す範囲内でサービスを提供する世界を広げてきた。そして、他人事と我が事を分断する市場化を進めた後に、住民に地域の諸課題を我が事として捉えることを推奨する地域共生社会の構想が説かれる状況にある。市場原理を活用した社会福祉の諸制度は、供給主体という観点からいえば、営利企業形態である株式会社の事業活動も認めてきた。公益的な主体として位置づけられる社会福祉法人だけでなく、株式会社の事業参入が認められたことは、市場原理に基づく競争を通じたサービス供給がサービスの質の向上につながり、ひいては利用者に資するという前提がある。介護保険制度のもと、利用者が抱える課題（要介護）は市場でのやりとりを前提とした制度のなかで、商品化されたサービスによって満たされるようになった。介護保険制度（社会保険）のもとでの必要の充足は、「共助」として位置づけられることがある。だが、その内実は擬似的につくられた市場のもと、私的利益の追求の場で需要が満たされるという制度設計がなされてその課題解決が図られている。それに対して、住民による助け合い活

---

[4] 現行の制度枠組みに通底する社会福祉サービス供給体制の考え方の嚆矢として、例えば三浦文夫による「社会福祉経営論」をあげることができよう。その主要な課題は、「ニードの把握、そしてニード充足に必要な方法・手段（サービス）の選択の決定、さらにこれらのサービスの円滑な推進・展開のための必要な資源の調達、確保等」とされる（三浦［1985］49）。なお、三浦の社会福祉経営論を批判的に検討したものとして、林［1984］も参照されたい。

動などによって課題解決を図る場合は、「互助」として位置づけられることがある。すなわち、制度の狭間にある課題は「互助」による課題解決が期待される状況にあるのである。

　専門性の高いニードは公共性が高いので社会保険（共助）によって制度内サービスとして対応がなされ、制度の狭間にあるニードは公共性が低いので地域共生社会の考え方のもとで助け合い（互助）によって対応がなされるということであろうか。だが、他人事を我が事に変えて捉えるということは、その課題が私的な問題に還元されてはならないことを意味する。だからこそ、その課題は放置されるのではなく、国によって助け合い活動が奨励されて、解決が目指される。ところが、同じく本来は私的な問題に還元されるべきでなく、むしろ「介護の社会化」というフレーズのもとで社会的な解決が目指されてきた介護保険サービスは、私的利益を追求する主体である株式会社によるサービス供給も可能な仕組みのもとにある。すなわち、商品化しやすい部分を取り出して制度化して、商品として供給できる仕組みをつくり、私的な利益追求の対象とし、制度から漏れた部分は社会全体（地域共生社会）で対応するというかたちがとられてきている。

　おそらくは、社会福祉基礎構造改革以降の制度化は、所与の条件を狭く限定することによって人々の生活課題をニードとして切り取り、擬似的に商品化することによってそのニードに応えることを可能にしてきたが、そのような対応の仕方は社会生活を営む主体（人々）の暮らしをどのように社会的に支えるかという観点にそぐわない部分があり、その課題が露呈しつつあるのではないか。社会的な課題の解決を私的領域の拡張によって実現しようとする矛盾が生じているのではないか。その矛盾の埋め合わせとして、地域共生社会の考え方が提起されているのではなかろうか。

　供給主体という観点からいえば、民間の個々の法人の経営の裁量に任

せるのが原則となった制度のもとで、社会的に課題解決を図ることの困難がある。私的利益を追求する営利法人によって社会的な課題解決が図られてもよいが、私的利益を追求する営利法人に社会的な課題解決を求めるのは筋違いであろう。もちろん、営利法人（株式会社）による社会的機能の発揮のあり方を探ることは必要だろうが、それは上の議論とは別途論じられるべき性質のものである。

4．地域福祉の対象とサービス供給主体

　第2に、制度内サービスと制度外のサービスを区分して、地域福祉の主な役割が制度では対応できない生活課題への対応として把握されることについてである。「施設から在宅へ」という流れと軌を一にするかたちで、地域福祉の重要性が強調されるようになった経緯を考えると、制度化が進んでいた施設サービスに対して、制度化が遅れた在宅サービスをどのように地域で支えるかといった観点から、地域福祉の肝は制度の狭間への対応にあると理解することは故なきことではない。だが、社会福祉施設で暮らす人々がまったく地域から切り離された生活を送るわけではなかろう。また、人々の生活は施設もしくは在宅に固定化されるわけではなく、施設から在宅に移行したり、在宅から施設へと移行したりする。地域密着型サービスとして提供される小規模多機能型居宅介護のような「通い」「訪問」「泊まり」を組み合わせたサービスが制度化されていることからもわかるように、地域社会において切れ目なく支援が行われることの重要性が認識され、実践されるようになってきている。

　しかし、現行制度の基本的枠組みのもとでは、施設サービスと居宅サービスが区別されるうえに、要介護度にしたがい、要介護の場合には介護保険給付、要支援の場合には介護予防給付サービスおよび介護予防・日常生活支援総合事業、それ以外の人々には二次予防事業や一次予

防事業のプログラムによって対応される。また、高齢者の介護・生活支援にまつわる制度設計においては、要支援者・二次予防事業対象者・一次予防事業対象者が連続性をもって介護予防に取り組むことの重要性が説かれるものの、介護予防の必要に応じて事細かにプログラムが配置されており、諸個人のニードが細切れに存在するかのように扱われる傾向がある。地域包括支援センターにおいては介護予防の推進に重点がおかれており、地域包括ケアシステムによる包括的な支援が目指されているとはいうものの、現実には要介護度に基づき対象者が限定されてサービスが提供される傾向がある。

　そのようななか、先に触れたように、既存の制度の枠組みにとらわれないサービス供給の必要性が説かれ、地域住民の互助やインフォーマルな支援を念頭に、地域共生社会のコンセプトが提起されるに至っている。このコンセプトが提唱されるように至ったのは、社会福祉基礎構造改革からの、人々の生活をニードという言葉で分解してサービスメニューによって提示された商品の供給によって対応する方向性の限界に即したものといえよう。だが、自助・互助・共助・公助に即して地域におけるサービス供給主体が個別に存立するような論の組み立て方では、人々の暮らしをトータルに支えることは難しいであろう。施設サービスと居宅サービスの垣根を低くし、人々の生活をトータルに支える仕組みづくりが必要であり、その仕組みに即したサービス供給主体が求められる。

　ここで想起すべきなのが、改革が進められてきた社会福祉法人の存在である。福祉サービス供給主体をめぐっては、戦後、公的な制度に基づく福祉が拡充されていくプロセスとその後の変容のプロセスに大別される。そして、そのプロセスに対応するかたちで、供給主体のあり方も変容していく。民間の社会福祉の供給については、公的な規制の強い社会福祉法人によるものと、それ以外の営みに大別され、後者のみを民間の社会福祉と理解する向きもあろう。社会福祉法人が公の支配の下にあり

ながらも民間の主体として社会福祉サービスを提供することになったため、社会福祉法人は特別の位置にある存在となったからである。

社会福祉法人制度は、周知のとおり、1951年施行の社会福祉事業法の施行によって創設された[5]。1990年代にはじまった社会福祉基礎構造改革の流れのなかで、社会福祉法人を定める社会福祉事業法は2000年に社会福祉法へと改正され、さらには、2016年の社会福祉法改正による「社会福祉法人制度改革」をへて今日に至っている。とりわけ、社会福祉法人制度改革においては、地域社会に貢献する法人のあり方を徹底するべく、「地域における公益的取組を実施する責務」が社会福祉法第24条第2項に記され、「地域共生社会」構想との関わりからも、地域における社会福祉法人の役割があらためて問い直される状況にある。だが、他方において、第1種社会福祉事業（主として入所施設サービス）の経営主体は依然として行政および社会福祉法人に限定されている。その意味において、民間の社会福祉供給主体のなかで、社会福祉法人が特別の位置にあることには変わりない。社会福祉法人は、その独自の公益的な位置を活かし、市場化が進められてニードへの対応として細切れに提供されてきたサービスを総合的な観点から捉えなおすことのできる主体として、その存在意義を発揮していくことが求められよう。

だが、他方において、社会福祉法人は公益法人として位置づけられながら、その公益性に対する疑念がわきあがり、制度改革が進められてきたことも念頭におく必要があろう。サービス供給という観点からいえ

5　その経緯は、厚生労働省社会・援護局のもとに設置された「社会福祉法人の在り方等に関する検討会」においては、以下のように説明される。「戦後の荒廃の中、行政の資源は不十分であり、政府には民間資源の活用が求められた。このため、社会福祉事業を担う責務と本来的な経営主体を行政（国や地方公共団体等の公的団体）としつつも、事業の実施を民間に委ね、かつ、事業の公益性を担保する方策として、行政機関（所轄庁等）がサービスの対象者と内容を決定し、それに従い事業を実施する仕組み（以下「措置制度」という。）が設けられた。そして、措置を受託する法人に行政からの特別な規制と情勢を可能とするため、『社会福祉法人』という特別な法人格が活用されたのである」（社会福祉法人の在り方等に関する検討会［2014］4）。

ば、「地域における公益的取組を実施する責務」を果たしていくことが重要であるが、他方で、社会福祉法人制度改革においては、事業運営の透明性の向上、経営組織のガバナンスの強化なども重要なポイントとされてきた。例えば、利用者がサービス供給のあり方に意思表示するルートをつくる必要性といった観点から、社会福祉領域における協同組合やNPO法人に期待が寄せられる状況がある。社会福祉領域における協同組合やNPO法人のなかには事業のあり方を定めるうえで利用者・家族・地域住民の民主的な参加を重要視しているものがみられる[6]。それらの協同組合やNPO法人は、いわば、地域共生社会のコンセプトを先取りして実践してきた存在として位置づけられよう。

　裏をかえせば、社会福祉法人は、公益性の高さという点で独自の位置にあるとともに、国や自治体の規制の下で活動してきた経緯から、硬直的な運営体制から脱しきれていないものもみられ、利用者やその家族、地域社会に開かれた存在として認識されるに至っていないものも少なくない。もちろん、個々の社会福祉法人において先駆的な取り組みがなされている現実を軽視してはならないが、地域共生社会のコンセプトが打ち出されるなか、社会福祉法人が地域福祉の新たな担い手としてより積極的に地域社会と関わりを持つことの重要性は指摘されてよいだろう。すなわち、社会福祉サービスの供給主体の中心的な存在であることに加えて、地域の多様なアクターを巻き込んだ地域福祉の拠点としても、社会福祉法人はその存在意義を発揮できる存在となりうるのである。

参考文献

橋本理（2016）「改正介護保険制度と市民による助け合い活動の新たな展開―『市民福祉団体の意義』再考」『関西大学社会学部紀要』48(1)，25-60

---

[6]　その例については橋本［2016］を参照されたい。

林博幸（1984）「地域福祉とニード論」右田紀久恵・井岡勉編『地域福祉—いま問われているもの』ミネルヴァ書房，127-136

三浦文夫（1985）『社会福祉政策研究—社会福祉経営論ノート』全国社会福祉協議会

真田是（1996）『民間社会福祉論—社会福祉における公と民』かもがわ出版

社会福祉法人の在り方等に関する検討会（2014）「社会福祉法人制度の在り方について」

社会福祉法人における内部統制の実際と留意点

社会福祉法人 神戸老人ホーム　朝木　俊介

1．はじめに

　2017年4月以降、改正社会福祉法が全面施行されたことに伴い、全国約2万の社会福祉法人は、組織ガバナンスの強化、財務規律の強化、事業運営の透明性の向上などを柱とする、大幅な組織改革を迫られることになった。改革の背景には、社会福祉法人の経営に対する様々な指摘、相次ぐ不祥事の発覚があり、なかでも、他の福祉サービス事業主体とのイコールフッティング（条件均一化）、一部の法人経営者による法人の私物化や多額の内部留保の存在は、社会的な問題としてマスコミ等に大きく取り上げられ、社会福祉法人の存在意義を揺るがす議論にまで発展している。

　しかしながら、このような事態は社会福祉法人に限定されることではない。営利であるか、非営利であるかを問わず、あらゆる事業活動においてリスクは付きものである。事実、近年、大手企業による会計不正や製品の検査データ改ざんなど、企業の不正行為に関する話題が後を絶たず、なかには社会的信用が失墜したことによって倒産に追い込まれたケースも生じている。このようなリスクに対峙するための手段として、現在では内部統制の有効性を高めることが考え方の主流になっている。

　社会福祉法人については、改正社会福祉法の中で、「理事の職務の執行が法令及び定款に適合することを確保するための体制その他社会福祉法人の業務の適正を確保するために必要なものとして厚生労働省令で定める体制の整備」が追加され（第45条の13第4項第5号）、一定の事業規模を超える社会福祉法人に対しては、理事会で内部統制を決定するこ

89

とが義務づけられている（第45条第5項）。また、必要とされる内部統制については、社会福祉法施行規則の中で、「社会福祉法人の業務の適正を確保するための体制」として、次の11項目が規定されている。これは一般社団・財団法施行規則（第14条）、会社法施行規則（第100条）がモデルとされ、大会社と同水準の内部統制が求められている。

＜社会福祉法人の業務の適正を確保するための体制＞
① 理事の職務の執行に係る情報の保存および管理に関する体制
② 損失の危険の管理に関する規定その他の体制
③ 理事の職務の執行が効率的に行なわれることを確保するための体制
④ 職員の職務の執行が法令および定款に適合することを確保するための体制
⑤ 監事がその職務を補助すべき職員を置くことを求めた場合における当該職員に関する事項
⑥ 前号の職員の理事からの独立性に関する事項
⑦ 監事の第五号の職員に対する指示の実効性の確保に関する事項
⑧ 理事及び職員が監事に報告をするための体制その他の監事への報告に関する体制
⑨ 前号の報告をした者が当該報告をしたことを理由として不利な取扱いを受けないことを確保するための体制
⑩ 監事の職務の執行について生ずる費用の前払又は償還の手続その他の当該職務の執行について生ずる費用又は債務の処理に係る方針に関する事項
⑪ その他監事の監査が実効的に行われることを確保するための体制

　しかしながら、内部統制の必要性は、事業規模で計られるべきではない。制度化の背景に照らせば、企業では、株主保護の観点から財務会計

に関する不祥事を未然に防ぐことが重視されると予想される一方で、社会福祉法人では、今回の社会福祉法人制度改革の主旨として厚生労働省が示すように、「公益性・非営利性を確保する観点から制度を見直し、国民に対する説明責任を果たし、地域社会に貢献する」ことが重視される。このように重視する点で違いはあるが、いずれも組織におけるリスクを抑制すると同時に、日常的に組織を牽制する機能を構築することによって経営の健全性を「見える化」し、開示情報というコミュニケーション・ツールを通じて、ステークホルダーからの信頼を確保することである点で共通する。

　以上のことを踏まえ、本稿では実務者の視点から、社会福祉法人において内部統制を構築する際の留意点について考察を試みることとする。

２．内部統制プロセスと特定社会福祉法人における内部統制

　先述の通り、現在、社会福祉法人において内部統制の整備が義務化されているのは、一定の事業規模を超える法人（以下、「特定社会福祉法人」という）に限定されている。「一定の事業規模」とは、平成30年現在、収益30億円を超える法人又は負債60億円を超える法人をいい、この基準額は将来的に、収益10億円を超える法人又は負債20億円を超える法人にまで段階的に対象範囲を拡大することが予定されている（厚生労働省，第19回社会保障審議会福祉部会提出資料，2016年９月26日）。このことは、特定社会福祉法人が、法令に違反しないという姿勢を示すだけではなく、本来的な使命である地域の公益的な取り組みや地域公益事業への積極的な取り組みを担保するためのシステムの構築を求めたものということができよう。

　特定社会福祉法人において、内部統制の設置者は、法人の経営責任者である理事長である。理事長は、PDCAサイクルに代表される業務改善

の手法を取り入れながら、法人を取り巻く経営環境の変化への対応を可能とする内部統制を構築・運用する。このことを前提とした場合、図表1で示すように、①チェックリスト等を用いて、自らの法人における内部統制の現状を把握する、②内部統制の構築に向けた計画と基本方針の決定を行う、③内部統制の運用を行う、④内部統制の運用状況の評価を行う、⑤把握された不備に対応する、という流れが考えられる。また、内部統制プロセスの初期段階では、規程・基準・マニュアルなどの形式的な統制を整備することが必要となるが、実際に統制を行うのは人であることから、組織風土や職員意識の醸成といった統制環境の存在が前提となる。

図表1　内部統制のPDCAサイクル

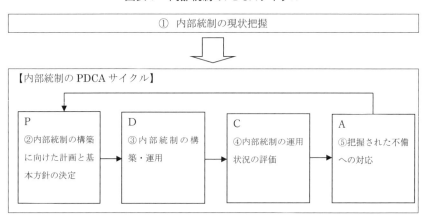

筆者が、平成30年11月に3か所の特定社会福祉法人に対しておこなった、「社会福祉法人の内部統制プロセス」に関する聞き取り調査によれば、特定社会福祉法人では、「法人本部おいて専門的知識・技能を有する人材育成への意識が高いこと」、「内部監査部門を有すること」、「外部の会計専門家との密接な連携があること」の三点を組織構造上の特徴と

しており、全ての法人で、毎年定期的に、内部監査部門を中心とした内部統制評価（C）が行われている。また、内部統制を構築・運用する際の留意点として、内部統制は、全ての職員で運用するものとの理解から、それが職員に過度な負担を強いることがないようにすること、プロセスを可視化することなどが挙げられている。

　しかしながら、全ての社会福祉法人の中で特定社会福祉法人に該当する大規模法人の数は僅かで、厚生労働省社会保障審議会福祉部会の「社会福祉法人制度改革の実施状況について（2017年12月29日）」によれば、2017年10月１日現在、全国20,665の社会福祉法人のうち、特定社会福祉法人は322法人（社会福祉法人全体の約1.5％）にすぎない。

３．中小規模法人における経営課題

　社会福祉法人は、社会福祉事業を実施する法人であるため、採算のとれる事業のみを行うわけにはいかない。したがって、事業推進のための利益を計上することで精一杯であるという法人も多く、中には赤字の続く法人もある（2010、河野）。内部統制の構築・運用には多大なコストを要し、事業規模の小さい法人にとっては資金、人材の両面において相当な負担となることが予想される。必要以上に内部統制を強化しようとすれば、その分、多くの経営資源が必要となることで、反対に業務効率が低下するおそれがある。まずは、自らの法人を取り巻くステークホルダーからの要求や法人の経営状況を踏まえながら、合理的な範囲で目的を達成できる程度のシステムを構築することが重要である。何より、内部統制は、組織全体での取り組みがなされてこそ、その効果が最大限に発揮されるものであるため、それを可能にする組織環境の醸成が重視されるべきであろう。それと同時に、特定社会福祉法人の対象範囲が拡大される予定がある中、自らの法人が抱える経営課題について確認し、必

要に応じて改善を行い、内部統制の構築に向けた土台作りを行う必要がある。例えば、中小規模法人では、下記のような経営課題が存在すると考えられる。

＜中小規模法人における経営課題の例＞
• 法人本部機能が独立しておらず、経営方針が不明確である
• 勘と経験に基づく属人的な経営スタイルが定着している
• 長年、特定の担当者が特定の業務権限を有したままになっている
• 財務会計の専門知識・技能を有する人材が少ない

　また、内部統制には限界があるとされ、どれだけ優秀な内部統制を構築しても、不祥事や事故の発生リスクを完全に抑制することは不可能であるとされる。金融庁企業会計審議会内部統制部会の「財務報告に係る内部統制の評価及び監査に関する実施基準（内部監査基準）」では、次のような点が指摘されている。
①内部統制は、判断の誤り、不注意、複数の担当者による共謀によって有効に機能しなく場合がある。
②内部統制は、当初想定していなかった組織内外の環境の変化や非定型的な取引等には、必ずしも対応しない場合がある。
③内部統制の整備及び運用に際しては、費用と便益との比較考量が求められる。
④経営者が不当な目的の為に内部統制を無視ないし無効ならしめることがある。
　さらに、組織内部において不正が起こりやすい状況としては、業績不振が考えられる。このような状況は、経営資金、経営者の心理の両側面において余裕を奪うことから、経営者である理事長が適切な判断を見失う状況を作り出し、内部統制を無効化させるおそれがある。下表は、そ

のような内部統制の限界が引き起こしたと考えられる、社会福祉法人における不祥事案の例である。

図表2　新聞等より報道された法人の不祥事案の例

年月／法人	事項	概要
平成27年11月 東京都　X会	理事長等による法人財産の私物化	・元常務理事の親族企業に約8億円が資金流出 ・不適切な会計処理の実態が法人の第三者委員会の調査で判明
平成28年1月 兵庫県　Y会	不透明な土地取引	・不明朗な土地取引で法人に4700万円の損失 ・Y会内部関係者が法人に損害を与えた疑い ・H23.4.18に金属部品会社から約2億8千万円で土地を購入したことを県に報告 ・土地売買契約書などによると、土地は不動産会社が所有、金属部品会社はY会に売却した日に不動産会社から約2億3千万円で購入し、計5千万円を上乗せ ・不動産会社側はY会側の意向で金属部品会社を経由して売却したと証言
平成28年1月 兵庫県　A会	理事長の理不尽な処遇等	・業務命令権を逸脱したとして、社会福祉法人理事長に賠償命令
平成28年1月 青森県　B会	不適切な会計処理	・H25年度、26年度の保育所運営費計500万円の使途不明金が生じる不正会計などをしたとして、所轄庁が業務改善命令 ・所轄庁は当時の園長に使途不明金全額を法人に返還させ、会計責任者の交代、内部統制の見直しなどを命令、委託費の弾力運用を禁止 ・使途不明金はすでに返還
平成28年2月 長崎県　K会	理事長等による法人財産の私物化	・法人の資金4900万円を私的流用したとして、県が業務改善命令 ・理事長が2009年から16回にわたって法人の資金4900万円を私的流用
平成28年2月 大阪府　S協議会	職員による不正	・事務所長が、自治体の民生委員児童委員連合会の銀行口座から計約1055万円を着服 ・S協議会は同氏を懲戒解雇処分し、刑事告訴する方針

平成28年2月 大阪府 T会	不適切な会計処理の疑い	• 法人の内部調査で前理事長が理事会に諮らずに老人保健施設新設の計画を進め、土地取得資金の流用の可能性や、独断で法人名義の借金をした可能性があることが発覚
平成28年3月 大分県 M会	不適正な会計処理	○第一弾 • 県の指導監査で不適正な会計処理が発覚 • 前理事かつ当時の会計責任者である市議が辞職 • 保育所の備品を私費で立て替え • 法人名義のクレジットカードで私物を購入 ○第二弾 • 市議を辞職した前副園長が法人名義のクレジットカードを使い、H26年度に676万円、H27年度に480万円の計1156万円を私的流用。使途は貴金属や洋服 • H22年度から27年度に182件の領収証を改ざん • 県と市は法人などへ返納を求め、業務上横領容疑等で前副園長の刑事告発も検討

（出所）兵庫県HP：「社会福祉法人制度改革について」http://web.pref.hyogo.lg.jp/kf30/hojin/documents/kaisei.pdf.（2019年3月現在）　筆者一部加工

4．内部統制と会計監査人及び専門家の関係性

　特定社会福祉法人ほどの規模・取引量になると、財務書類の隅々まで監査することは極めて困難である。このような場合、試査による方法が一般的である。試査とは、監査の対象項目から適当にサンプルを抽出し、その結果から他の項目の適正を推定する方法である。そのため、サンプルの適正性が他の項目の適正性を保証するレベルにあることを保証するに足りる十分な内部統制の整備が前提となる。

　改正社会福祉法では、経営組織のガバナンスの強化を図る観点から、特定社会福祉法人に対して内部統制の整備と同時に、会計監査人の導入を義務付けている。会計監査人の資格は、独立した第三者の立場から財務書類、その他の財務に関する情報の信頼性を確保するため、公認会計

士または監査法人に限定されている（社会福祉法第45条の２）。

　会計監査人は、単に財務諸表など計算書類を監査するだけではなく、財務会計の範囲において、内部統制の有効性・効率性の向上に寄与する。会計監査人が、内部統制の向上に対してどのような支援を行なうかについては、厚生労働省通知「会計監査及び専門家による支援等について（平成29年４月27日社援基発0427第１号）」の１（2）「専門家による支援について」別添資料「財務会計に関する内部統制の向上に対する支援業務実施報告書」において支援項目がリスト化されている。

　一方、会計監査を受けない法人においても、財務会計に関する内部統制の向上に対する支援、または財務会計に関する事務処理体制の向上に対する支援について、法人の事業規模や財務会計に係る事務体制等に即して、公認会計士、監査法人、税理士又は税理士法人を活用することが望ましいとされている（厚生労働省通知別紙１「社会福祉法人審査基準」第３の５の(1)）。

　監査人または専門家による支援を受ける社会福祉法人について、所轄庁は、毎年法人から提出される計算書類、附属明細書、財産目録などの書類から財務状況の適正性・透明性が確保されていると認められる場合、指導監査の周期の延長、または会計管理に関する監査事項の省略をすることができるとされている。一方、ガバナンス等に大きな問題があると認められる法人に対しては、毎年度監査を実施するなど、指導監査の重点化を図る、とされている。（「社会福祉法人指導監査実施要綱の制定について」（平成29年４月27日雇児発0427第７号、社援発0427第１号、老発0427第１号厚生労働省雇用均等・児童家庭局長、社会・援護局長、老健局長連名通知）別添「社会福祉法人指導監査実施要綱」）。

5．中小規模法人における内部統制の構築・運用に向けた取り組み事例

それでは実際、中小規模法人では、どのような内部統制の再構築が行われているのであろうか。以下では、過去に外部の監査法人から内部統制の構築について助言を受け、内部統制の改善を試みたＡ法人の取り組み事例である。

(1) Ａ法人の概要

Ａ法人は、４つの第一種社会福祉事業（施設）、７つの第二種社会福祉事業（デイサービスなど）、２つの公益事業（地域包括支援センター）を運営する中規模法人で、従業員総数は約250名である。現在は会計監査人の設置義務はないが、公認会計士事務所と顧問契約を締結することによって、財務会計に関する事務処理体制の向上に対する支援を受けている。

(2) 内部統制見直しの内容

Ａ法人では、約５年前に、組織ガバナンスを強化する一環として、外部の監査法人による監査を受け、その際、理事会等のガバナンス体制、経理周りのチェック体制、監事監査等のモニタリング体制、人事ローテーション体制等、内部統制上の改善事項について助言を受けた。その一部を示すと以下の通りである。

- 理事会における主な議論は経営成績であり、財務内容に関する議論が不足していることから、財務書類に不適切な数値が計上されても看過される可能性がある。
- 年に１度、決算前に監事が会計責任者らに対して決算内容に関するヒ

アリングを1時間程度実施しているが、証憑や管理簿との照合が不足しており、会計処理に誤謬が存在しても発見できないリスクがある。
- 各拠点における経理業務に関してマニュアルの統一ができていない部分があり、第三者によるチェックやモニタリングが機能しないリスクがある。
- 長年にわたり、同一人物が主要業務を行っており、例えば、渉外担当者と業者との癒着につながるリスクがある。

(3) 内部統制見直しの効果と今後の課題

上記 (2) の具体例に見られる状況に鑑み、A法人は、上記 (2) への対応、および今後複雑化する会計処理に対する効率化の向上と会計処理における誤謬を予防する一環として、公認会計士事務所と顧問契約を締結している。公認会計士事務所とは、1か月に1度、法人本部事務局の財務会計担当者らと連携し、月次決算・税処理など計算書類の確認、競争入札手続きに関する助言、内部統制状況の確認などが行われている。また、職員に対して内部統制に関する講習会の開催などの支援を受けている。直接的に監事と連携する機会はシステム化されていないが、法人本部を通じて報告を行っており、監事の業務効率化に寄与している。

また、理事会の意識にも変化が見られている。理事会とは別に、2か月に1度、経営改善委員会が開催されるようになり、理事会とそれぞれの事業所における情報共有、経営課題の検討をおこなう機会が増加している。

その一方で、今後の課題として次の点が挙げられる。ひとつは、法人本部のあり方である。社会福祉法人における法人本部は、総務、財務、人事労務、情報取集・分析など、各種事務機能が集約されたセクションである。A法人における法人本部は、事業所の施設長・管理者・財務担当管理者らで構成されており、上記のような事務機能を事業所の施設長・

管理者らが兼務するのは大きな負担となっている可能性がある。

　もうひとつは、内部監査部門が未設置である点である。A法人では、事業所における内部統制をそれぞれの事業所の自治に委ねている状況がある。一般社団法人日本内部監査協会の「内部監査基準」によれば、内部監査とは、組織体の経営目標効率的な達成に役立つことを目的として、合法性と合理性の観点から公正かつ独立の立場で、ガバナンス・プロセス、リスク・マネジメントおよびコントロールに関連する経営諸活動の遂行状況を、内部監査人としての規律遵守の態度を持って評価し、

図表３　A法人におけるガバナンスの概念図

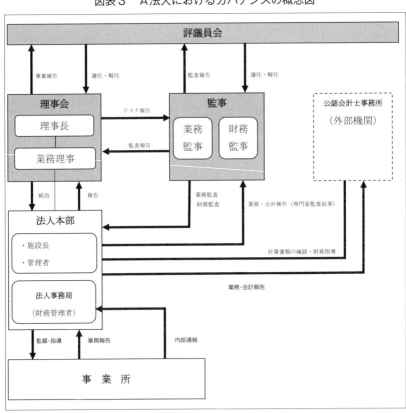

これに基づいて客観的意見を述べ、助言・勧告を行うアシュアランス業務、および特定の経営諸活動の支援をおこなうアドバイザリー業務である、とされる。A法人の事業規模に鑑みれば、さらなる組織ガバナンス強化の一環として、内部監査設置の必要性とそれを担う人材の育成について検討すべきであろう。

5．まとめ

　昨今、生活困窮者やひきこもりなど、制度の狭間にあるニーズへの対応を社会福祉法人の公益性・非営利性に期待する声が高まりを見せている。ところが、現在、そのようなニーズへの対応では、NPOや企業の方が一歩先を進んでいる状況が見受けられることにより、社会福祉法人の公益性を疑問視する声がある。このような声に抗う手段のひとつは、社会福祉法人が、自らの公益性と非営利性を見つめ直し、本来的な使命に尽力するとともに、社会に対する説明責任を果たせる組織づくりを進めることである。内部統制は、その基礎となる仕組みである。そのためには、構築義務の有無に囚われず、経営者として理事長及び理事が、それを自らの善管注意義務の一部であると強く意識することが最も重要である。さらに、その後も経営環境に応じて定期的な見直しを行い、修正と変更を加えていくことが重要である。

　さらに、内部統制を構築するうえで留意すべき点は、統制活動と同時に統制環境の構築への取り組みを進めることである。マニュアルの整備や業務フローの作成など統制活動を整備することも必要であるが、統制環境を疎かにしたままでは、内部統制の目的を達成することはできない。最悪の場合、内部統制が形骸化し、業務量だけが増加する状況を生み出すおそれがある。極端な言い方をすれば、統制活動の整備そのものは、先行する企業の取り組み事例などを参考にすることが可能である。しか

しながら、統制環境は、個々の法人の理念や経営環境、組織風土にあったものでなければならない。第一に統制環境を確立することこそが、自らの法人独自の有効な内部統制を整備する最も重要なことであろうと考える。

参考文献

【参考書籍】

秋田成治（2014）「医療法人の経営安定ツールとしての内部統制システム」『商大ビジネスレビュー』第4巻第2号，1-16

あずさ監査法人（2009）『内部統制のマネジメント　構築・運用・評価の実際』東洋経済新潮社

藤岡英治（2018）「医療法人に関する監査と内部統制」『大阪産業大学経営論集』第19巻，85-101

古市峰子（2006）「組織の特徴に応じた内部統制の留意点：財務報告・ディスクロージャーの観点から」『日本銀行金融研究所　金融研究』第25巻第2号，25-92

八田進二（2015）「ガバナンス改革をめぐる課題と内部統制問題」『会計検査研究』No.52，5-10

東日本税理士法人グループ（2016）『医療法人・社会福祉法人の内部統制ハンドブック』中央経済社

河野篤（2010）「社会福祉法人のマネジメント ―内部統制の観点から―」『中部学院大学・中部学院短期大学部　研究紀要』第11巻，130-135

新日本有限責任監査法人（2016）『社会福祉法人に求められる内部統制の実務対応』清文社

【参考資料】

金融庁企業会計審議会内部統制部会（2005）「財務報告に係る内部統制の評価及び監査の基準並びに財務報告に係る内部統制の評価及び監査に関する実施基準の改訂に関する意見書」

厚生労働省（2016）「会計監査人の設置義務法人の範囲について」社会福祉法
　　人の財務規律の向上に係る検討会（2016年10月21日）」

厚生労働省（2016）「社会福祉法等の一部を改正する法律の施行に伴う関係政
　　令の整備等及び経過措置に関する政令等の交付について（通知：社援発
　　1111第2号）」

厚生労働省（2017）「社会福祉法人指導監査実施要綱の制定について【別添「社
　　会福祉法人の指導監査に関するガイドライン】」

厚生労働省（2017）「社会福祉法人指導監査実施要綱の制定について【別添「社
　　会福祉法人指導監査実施要綱」

厚生労働省（2017）「社会福祉法人制度改革の実施状況について」社会保障審
　　議会福祉部会（2017年12月29日）」

みずほ情報総研株式会社（2018）「社会福祉法人に設置される会計監査人の導
　　入効果等に関する調査研究事業」

日本公認会計士協会「公認会計士監査（会計監査人の監査）の概要【資料1】」

総務省（2014）「地方公共団体における内部統制制度の導入に関する報告書」

異分野法人及び町との協働による共生型施設
～「ワークセンター花音」の取り組みから～

金城学院大学　橋川　健祐

1．はじめに ─ 地域共生型福祉施設「やすらの里」とは

　合併前の旧加悦町（現、与謝郡与謝野町）役場と小・中学校の近くで、住宅街の一角にある地域共生型福祉施設「やすらの里」では、4つの法人が同じ敷地内で、しかも同じ建物の中でそれぞれの専門分野の実績を活かした事業を展開している。加えて、町も同一敷地・施設内で事業を開始し、異業種協働、そして官民協働の施設として他に類を見ない運営形態をとりながら、共生のまちづくりの拠点になっている。

　4つの法人とは、10人単位で6ユニットを有する全室個室・ユニット型の特別養護老人ホーム「やすら苑」を運営する社会福祉法人与謝郡福祉会、在宅複合支援施設「やすらの旋風（かぜ）」としてデイサービス、訪問介護事業、居宅介護支援事業、ショートステイ、サービス付き高齢者専用住宅を運営するNPO法人丹後福祉応援団、4名の看護師を配置し、訪問看護事業を展開しながら理学療法士、作業療法士とともに在宅でのリハビリ、看取りの支援も行う「天橋立訪問介護ステーション　サテライトみのり」を運営する公益社団法人京都府看護協会、障害者就労支援事業としてランチや喫茶を提供する喫茶事業、やすらの里内の清掃事業、上記2つの高齢者施設の給食の下ごしらえ業務の受託、町の配食サービス事業の受託運営を行う「ワークセンター花音」の運営母体である社会福祉法人よさのうみ福祉会のことである。

　4つの法人以外にも、特別養護老人ホームの地域交流スペースを利用して、町が加悦子育て支援センターを火曜・水曜・木曜の週3日間、10

異分野法人及び町との協働による共生型施設

時から15時まで開所し、子どもを遊ばせながら子育て中の親同士が気軽におしゃべりを楽しめる場として、子育ての悩み相談、ストレス解消、情報交換、友達づくりなどに活用されている[1]。そのほか、保育所スペー

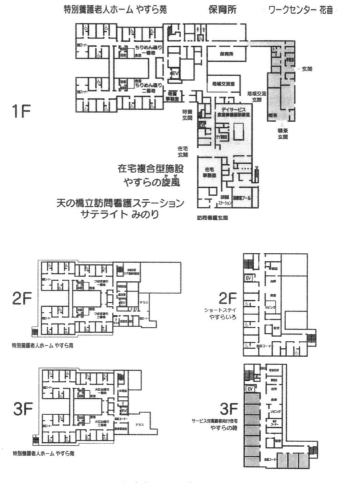

図1　やすらの里の各フロア平面図

---

[1] 平成30年4月1日から、特定非営利活動法人まるっと丹育に運営を委託している。

スでは土、日、祝日限定で4法人の職員を対象とした託児サービスも実施されている。

　本稿では、主に社会福祉法人よさのうみ福祉会（以下、福祉会）が事業を行う「ワークセンター花音」の事業に焦点をあて、政府が掲げる地域共生社会とは異なり、権利としての福祉を法人間協働、官民協働によって保障し、地域のニーズに応えながらまちづくりの一翼を担おうとする事例を紹介する。

２．やすらの里の設立経緯

（１）与謝野町福祉事業所連絡会の発足

　2010年1月、与謝野町内で社会福祉関連事業を行う高齢、障害、児童、医療分野の事業所が、「連携、協力、情報の共有と地域福祉の向上」を目的に、「与謝野町福祉事業所連絡会」を発足した。今では23もの事業所が加盟し、事業所同士の見学会、府外への視察・見学会、行政への要望活動を行っている。

　連絡会の発足の背景には、後述する福祉会の歴史も大きく関わっている。1997年9月、福祉会は、与謝野町岩屋地区に障害者総合福祉施設「夢織りの郷」を開設するが、1999年11月、隣接する場所に社会福祉法人与謝郡福祉会が高齢者の総合福祉施設「虹ヶ丘」を併設し、事業を開始した。両施設は、開所以降、隔年で主催を交代しながら「福祉の里まつり」というイベントをしたり、夢織りの郷の就労グループの利用者らが高齢者施設内の清掃作業を定期的に引き受けるなどの交流を深めてきた。このような関わり、交流の蓄積が、分野を超えた福祉の連携、協働を町内の他の事業所にも広げていく必要性を感じることにつながっていく契機となった。

（2）町による構想の提案

当時、町長を務めていた太田貴美氏は、合併前の旧野田川町長時代から、町内の行政区を行政職員とともに回る町政懇談会を行っていた。合併後も、町内24全ての行政区を職員とともに回る町政懇談会を実施し、常に地域住民の声に耳を傾け、生活実態の把握に努めてきた。やすらの里設立の裏側にも、町政懇談会を行う中で出された「まちに特養はあるが、いっぱいで入れない」、「近所に食事をするところが無くなった」、「自宅で最期を迎えたい」という声があった。

こういった町民の声を受けながら、当時、在宅福祉施策を中心に進めていた与謝野町では、特養を整備しながらも在宅福祉の推進を図ることができる施設、拠点づくりを目指した。また、高齢、障害、児童と縦割り化が進む施策、現場の状況を少しでも解消し、そこで改めて見えてくる課題を行政へフィードバックしてほしいという思いもあった。

そこで、民間法人に丸投げするのではなく、町も一定の役割を果たそうと約7,664平米あった旧丹後織物工業組合加悦加工場跡地を買取り、造成、整備を行なった。各法人の専有部分はそれぞれに通常の半額分の賃料を支払ってもらいながら、共有部分は町が負担するという仕組みが検討された。

これら一連の構想を持って、町は町内の複数の法人へ公募により呼びかけを行い、趣旨に賛同し集まったのが四つの法人であった。

（3）地域共生型福祉施設協議会の立ち上げから施設の開設へ

2010年7月、協働運営を行うことになった先の4つの法人で地域共生型福祉施設協議会を発足。開設に向けた協議、検討から勉強会に至るまで何度も議論を交わしてきた。そのほか、設計業者との打ち合わせはもちろん、国や府との補助金に関する協議、地元住民に対する説明会、フォーラムの開催などを重ね、着実に準備を進めながら2013年3月、地

域共生型福祉施設「やすらの里」の運営がスタートした。

　開設後も、月に１回、４法人の管理者、施設長などの権限のある者が集まり、共有スペースの調整や情報交換などの機会を持ち続けている。一つのことを決めるのに、時間がかかってしまうこともあるが、団体間、職員間もお互いに理解していく一つの過程と捉えながら、協議の機会を持ち続けている。

3. 社会福祉法人よさのうみ福祉会とワークセンター花音

（1）福祉を産業として掲げたまち、与謝野町

　与謝野町は、2006年３月に加悦町、野田川町、岩滝町が合併して誕生。車で20分ほど走れば日本三景で有名な天橋立がある、京都北部地域に位置している町である。

　かつては伝統織物で全国にも知られる丹後ちりめんの生産地として栄え、山陰地方から集団就職に訪れるなど賑わいを見せたが、織物業の衰退とともに雇用機会が減少し、若者を中心とした人口の流出に歯止めがかからない。2018年３月末時点で22,036人、9,100世帯が暮らしているが、ここ10年間は毎年平均して1.3％ずつ人口が減り続け、少子高齢化、過疎化が進み、高齢化率は34.7％（2017年３月末時点）になる[2]。

　そのような中、合併後も２期に渡って町長を務めた太田貴美氏は、ハードよりもソフトを重視し、「福祉は仕事を産み出す産業、生業を生み出す産業である」と捉え、まちづくりの重点テーマとして位置づけてきた。合併によって遊休施設化した町有施設を福祉施設や事業所として改修利用を進めたり、そのための補助制度の創設なども進めてきた。加えて、

---

[2] 与謝野町HP（http://www.town-yosano.jp/wwwg/info/detail.jsp?common_id=409235, 2018.9.25)、京都府健康福祉部高齢者支援課「平成28年度　介護保険制度の実施状況」（2017年10月）資料編より

異分野法人及び町との協働による共生型施設

やすらの里の土地を町で購入、造成を進めたのも、かつては機織りで賑わった場所を今度は福祉で賑わせたいという思いと、福祉で雇用を産み出し、地域経済に寄与したいというねらいがあった。

2014年4月からは、当時、全国で最年少町長として当選した山添藤真氏が、福祉のまちづくりを継承しながら、様々な地域活性化の取り組みを進めている[3]。

（2）法人の概要

福祉会が事業を展開するのは、「京都府丹後障害保健福祉圏域」という、京都府北部の2市（宮津市・京丹後市）、2町（伊根町・与謝野町）で、約9万3千人が生活するエリアである。

現在、障害者支援施設、就労移行支援事業、就労継続支援A型事業、就労継続支援B型事業、生活介護事業、生活訓練事業所、共同生活介護事業、居宅介護事業、相談支援事業所、発達障害者支援センター、障害者就業・生活支援センターなど、障害者福祉分野において多岐にわたる事業を展開し、事業拠点は22箇所にもなる。サービスを利用する障害のある人たちは750名を越え、約300名の職員がその支援にあたっている。

福祉会が社会福祉法人としてスタートしたのは1980年のことであるが、その背景には、どんなに障害の重い子どもたちにも教育を保障しようと1969年に京都北部で初となる与謝の海養護学校が開校されるに至る10年余の学校づくり運動と、その子どもたちが卒業後に働く場所としての共同作業所づくりの運動の歴史がある。無認可で共同作業所が設立されたのが1975年で、これも京都府内で初のものであった。法人設立後は、親なき後も働きながら生活できる施設づくりにも取り組んだ。法人設立から17年、施設づくりの運動が始まって足かけ14年、地域住民による反

---

[3] 再選を果たし、2018年4月から2期目を務めている。

109

対運動を何度も乗り越え、紆余曲折の過程を経て設立されたのが、前章でも触れた「夢織りの郷」であった。このように福祉会の歴史は、障害のある人たちの教育と労働、そして生活を保障することを、障害当事者、家族、学校関係者や福祉関係者の思いと願い、そして、度重なる施設コンフリクトの一方でその運動の歴史を長く見守って来られ、理解、そして期待を寄せてきた地域住民によって作り上げられてきたものなのである[4]。

（3）「ワークセンター花音」の事業内容

　ワークセンター花音は、障害者総合支援法に基づく就労継続支援Ｂ型事業所（定員20名）として、以下の４つの仕事を３つの班で行なっている。３つの班では、それぞれ給食の下ごしらえ班に６名、清掃班に７名、喫茶班に７名の利用者が14名の職員とともに働いていて、月々約３万円の給与に加え年間３回のボーナスが支払われている。

① 給食の下ごしらえ班（ちゅーりっぷ）

　給食の下ごしらえ班では、やすらの里内の高齢者施設の給食の下ごしらえの業務を受託している。交代制勤務によって365日休みなしの仕事を任されている。

　スタッフは、施設内の廊下を通って、高齢者施設の厨房に出向き、その場で管理栄養士が作成した日々のメニューに応じて食材の洗浄、カット、計量、仕分けなどの下ごしらえの作業を行う。下ごしらえを終えた

---

[4] なお、より詳細な法人、地域の歴史については、青木嗣夫（1997）『未来をひらく教育と福祉―地域に発達保障のネットワークを築く』文理閣、黒田学・社会福祉法人よさのうみ福祉会（2012）『福祉がつなぐ地域再生の挑戦』クリエイツかもがわ、橋川健祐（2016）「コミュニティとの関係から生まれるしごとづくり」武田丈・川村暁雄・川本健太郎・柴田学編『これからの社会的企業求められるものは何か ―カリスマからパートナーシップへ―』ミネルヴァ書房, p68-85をご参照いただきたい。

食材は、6つある特養のユニットとショートステイの食堂に届けられる。

② 清掃班（ラスカル）

　清掃班では、やすらの里を協働で運営する他の法人からの委託を受けて、月曜日から土曜日までの週6日間、個室を除いてトイレや廊下、共有スペース、その他敷地内の草取りも含めた清掃業務を担っている。

　施設を利用する高齢者らは、制服を着て黙々と清掃に取り組むスタッフに、「きれいになったね、今日もありがとう」「頑張ってね」と声をかける。それがまた仕事の励みになっている。

③ 喫茶班（YOU花音）

　喫茶班では、どなたでも気軽に来ていただき、「ほっとできるお店」をめざして「喫茶花音（かのん）」を営業している。日曜日、祝日をのぞく月～土の10：30～16：00の間、地元食材をふんだんに使用した600円の日替わりランチのほか、軽食、デザート、ドリンクを提供。ランチは平均で一日あたり20～30名が来客、レジ横の惣菜やパンなどの買い物客を含めると40～50名ほどの客が訪れる。客層は、併設する施設の利用者をはじめ、その家族、子育て支援センターの開所日はそこを利用する親たちのほか、仕事の合間に昼食を取りに来られる方や、わざわざバスに乗って来られる地域の方もいる。障害のある人たちは、そのような中で、調理補助、洗い物などの厨房作業のほか、接客の仕事も担っている。

　正面玄関は、木造建築風に仕立て上げられ、おしゃれで暖かな雰囲気を醸し出し、喫茶花音はもちろん、「やすらの里」にとっての地域との出入り口のような位置づけにもなっている。一方、正面玄関から入って左手はテラス窓が3つあって、4法人の共有スペースであるテラスに面している。この共有スペースは、食事や飲み物を楽しめることはもちろ

ん、イベントなどが行われることも多いが、なによりテラス席の向こうにあるデイサービスもガラス張りになっていることから、喫茶の様子を覗き見て、正面玄関からではなくこのテラス窓からお店を訪れる高齢者施設の利用者やその家族も少なくない。

図2　喫茶花音の玄関（左）とテラス側から見た喫茶花音（右）

　喫茶班では、喫茶花音の厨房を利用して、もう一つの仕事である配食サービスの弁当製造と配達も担う。配食サービスは、町の委託事業で現在は約80名が利用登録し、一日あたり平均で30～40名が利用する。1食あたり900円の弁当を、利用者負担400円、町負担500円でやりくりしている。
　配達は、16時頃から職員のみで行うものの見守りを兼ねた安否確認にもなり、利用者のニーズに応じておかゆメニューや食材を細かく刻むといった対応はもちろん、日替わりのメッセージを添えて必ず顔を見て手渡しをするというきめの細かさが評判である。

4．法人間協働がもたらす効果と意義
（1）同じ建物でありながら設けられた境界
　共生型を掲げる施設やサービスの中には、高齢者、そして障害のある

人もない人も同じ空間の中でサービスを受けたり、また関わったり交わったりするところがある。むしろ、そういった施設、事業所のほうが多いのではないだろうか。

しかし、やすらの里は、それらとは異なり、同じ敷地内でかつ同じ屋根の下ではあるが、占有するスペースは、それぞれの法人ごとに扉や壁で仕切られている。このように、一般的に広がる共生型の施設やサービスと異なる形態で運営するやすらの里は、ワークセンター花音に通う障害のある人たちにどういった効果をもたらしているのであろうか。

清掃の仕事や給食の下ごしらえの仕事は、同じ建物でありながら管理する法人が異なるため、「ヨソ」へお邪魔する形で行われる。そこでは、他の法人の職員はもちろんのこと、そこで生活したり、通っている高齢者、子育て支援センターを利用する母親など、地域の人たちと顔を合わせることになる。地元の声から構想された施設という期待と責任のある場所で仕事を任されることは、誇りややりがいにつながっている。

喫茶も同様に、やすらの里の利用者や家族が客として店に入ろうと思うと正面玄関、もしくはテラス窓から、いずれも一度外に出てから入らなければならない。これは、清掃や給食の下ごしらの仕事とは逆で、「ヨソ」から客を迎える場所になっていると言えよう。高齢者施設を利用する高齢者も、喫茶で働く障害のある人たちも、職員から見ると福祉サービスの利用者という意味ではお互いに違いはないのかもしれない。しかし、この喫茶空間では、障害のある人たちはスタッフとして高齢者や子育て中の親、そして食事をしに訪れる地域住民を迎えるときには、サービスを振る舞い、おもてなしをする立場になる。そして、喫茶の仕事もまた、地元のニーズを叶える仕事であり、仕事を通して地域への貢献を果たしている。

このように、やすらの里では、ワークセンター花音で働く障害のある人たちにとって、福祉サービスという面では利用者でありながらも、ス

113

タッフとして仕事を通じて他の住民のニーズに応えるという、多様な役割と関係性をもたらしていると言えるであろう。

　従来、日本は稲作農耕文化の中で、他の農家と協同しながらも明確に田畑を区分けしてきたし、伝統家屋には縁側や庭を設けて、外に開かれながらも境界を設けることでウチとソトとの適度な距離を保ちながら生活をしてきた。やすらの里において、各施設が持つ敷居や境界は、良い意味での距離感を産み出しており、そのことが単に住民同士という関わりにとどまらず、生活空間における共生を超えた多様な共生のコミュニティを創り出すことにつながっているのではないだろうか。

（2）職員同士の学び合いと良い緊張関係

　やすらの里において、法人間で協働運営を行うことは、各法人で働く職員にも様々な効果をもたらしている。

　一つには、職員同士が、他法人の業務の仕方、ケアの方法などを学ぶ機会になっていることがあげられる。救急に関する研修など、法人間で共通して行える研修や避難訓練は、一緒に行なっているものもある。それ以外にも、ワークセンター花音では、障害のあるスタッフとともに施設内の清掃業務や給食の下ごしらえの仕事にあたるし、喫茶のテラス窓の向こうには、同じくガラス張りでデイサービスの中の様子もうかがえる。また、介護職員が付き添って、喫茶を訪れることも珍しくない。このように、改まった研修や意見交換の場に限らず、日常の業務の中でお互いの仕事を知り得ることは、相互の学びの機会になっている。

　二つ目は、近年全国で後を絶たない虐待等のリスクの軽減にもつながっていることが挙げられる。同じ建物にありながら、他の法人施設の利用者や家族が行き交い、地域住民が出入りすることは、そのこと自体がサービスの評価、そして次なる施設の利用にも直結することから、職員からすれば適度な緊張感を持ちながら業務を行うことになる。これら

114

は、福祉や介護の専門職同士の目になると、より一層その効果が発揮される。専門性が養われた目は、良い意味でお互いに襟を正しながら業務、ケアを行うことを促し、実践そのものの質の向上にも寄与しているのではないかと考えられる。

（3）専門性の上に成り立つ「共生」の実践

　「共生」という言葉は、これまで福祉の世界でも多くの実践現場、また研究上でも目指すべき理念、目標の一つとされてきた。しかし、近年、改めてこの「共生」というキーワードが注目されている。

　2015年9月に厚生労働省の内部プロジェクトチームにより発表された「誰もが支え合う地域の構築に向けた福祉サービスの実現 —新たな時代に対応した福祉の提供ビジョン—」に端を発し、同ビジョンを推進するために、2016年7月には「『我が事・丸ごと』地域共生社会実現本部が設置され、①地域課題の解決力の強化、②地域丸ごとのつながりの強化、③地域を基盤とする包括的支援の強化、④専門人材の機能強化・最大活用の4つを柱に検討が重ねられ、2017年、2018年には社会福祉法改正への経過を辿り、多くの波紋を呼んでいる。

　狭義の意味での共生は、三つ目の「地域を基盤とする包括的支援の強化」を指すが、これは高齢、障害、児童とこれまで縦割りで制度化されてきたサービスを、総合的に提供できるようにしようというものである。すでに2018年度からは、既存の指定障害福祉サービス事業所などが介護保険サービス事業所としての指定を受けやすくなり、同一拠点において、介護保険サービスも提供できるようになるといった「共生型サービス」が新設され、基準緩和が進められている。

　これらは、一方では、これまで制度を縦割りにしてきたために、サービスを利用する当事者をその枠に当てはめ、本来多様であるはずの人間関係や社会参加の機会を制限し、地域生活と言うにはかけ離れた支援を

行なってきた現場とその枠組みを作った政府、行政の反省の上に成り立つものとして、前向きに捉えるべき側面もある。しかしながら、もう一方では福祉や介護人材が不足し、生産年齢人口が減少する中でサービス利用ニーズを持った人たちは増え、また財政の悪化が止まらない中で、生産性と効率性という観点から打ち出された政策であることも目に見えて明らかであろう。

　以前から「共生」という概念についての検討を重ね、伝統的共同体が持つ同質的なものではなく、一方で近代的なリベラリズムが強調され競争原理が評価されるものでもない「共同的共生論」を提示した尾関は、「共生」という理念は強者の論理として語られる場合、欺瞞へと転化するものであり、「現在の格差社会を生み出しているような拝金主義や競争主義に対して、われわれのいう共生の理念とは、それに対抗していくような性格を持つものとして位置づけていく必要があるのではないか」と述べている（尾関 2015：12-14）。

　ワークセンター花音では、配置基準の倍以上の職員を配置し、障害のある人たちの仕事づくりを行いながら、ともに地域のニーズに応える事業を進めている。やすらの里内の他の法人も同様に、それぞれの得意分野を活かしそれぞれに基準に則った事業を展開するからこそ、さらには町もパートナーとしてこれまで触れてきたような様々な後押しがあるからこそ、当事者の生活保障の権利が守られ、その前提のうえにこれまで触れてきたような効果を産んでいるのである。

　専門職は、常に利用者や当事者へのパターナリズムに対して自制的でなければならない。しかし、それ以上に、情報の非対称性がますます拡大する中で、声なき声、また声をあげられない人たちの思いやニーズを代弁し、声にしていくことこそが求められているのであって、そのためにも基準の緩和や総合化といった議論の中で、公的責任が弱められ、また曖昧にされ、欺瞞のままに進められてしまってはならないのである。

5．まとめ 〜 地域における連携・協働こそまちづくりの一翼に

　社会福祉法人が協働する事例は、大阪府の社会貢献事業をモデルに、都道府県単位で社会福祉法人同士で組織化されるものが注目されがちである。本稿で紹介したやすらの里の事例は、そういった事例とはやや趣を異にした事例であるが、より昨今の地域福祉らしい事例と言えるのではないだろうか。

　そもそも、社会福祉の制度の総合化が問題になったわけだが、高齢・障害・児童といった分野の縦割り化以上に、福祉と他の産業や地域経済との分断や縦割り化、生活と労働を切り離してきたことがコミュニティを希薄化させ、地域生活課題の複雑さを産んでいるとするならば、福祉の枠を超えた連携、協働が求められることは必然的である。

　やすらの里に視察に訪れる方々から受ける質問で多いのは、「法人間同士でトラブルは起きないのか」といった内容であるという。私自身もその質問をこれまで何度か伺った。しかし、返ってくる応えは、「トラブルや揉め事はなかった」というものであった。それは、開所から５年経った今も変わらない。

　福祉会では、ワークセンター花音とやすらの里のこのような実践のほか、同じ町内の他の事業所においても、農業法人や観光業を営む事業者との連携、協働を進めながらまちづくりに取り組んでいる。異業種、異分野の法人、事業者間の協働と、それを支える行政の後押しが、過疎化が進むこの地域で着実にその成果を上げている。

　最後になるが、ワークセンター花音、そしてやすらの里の実践は、サービスを提供し、支援する側が分野・業種を超えて町とともに協働している、地域共生社会の一つの先駆的な実践である。共生の形は様々にあって良いものであるが、その耳障りの良い言葉の裏側で、生産性と効

率性重視の政策のもと、福祉が安上がりに利用され、また行き過ぎた経済至上主義の中で搾取の対象となるようなことは決してあってはならないし、同時に、公的責任の減退があってはならないということを、重ねて述べておきたい。

謝辞

　本稿は、施設見学やインタビュー、また研究会の開催や講演会の聴講などを通して得られた情報、データをもとにまとめたものである。

　とりわけ、本稿を執筆するにあたり、何度もお話を聞かせていただき、ご自身の講演資料等をご提供くださった青木一博理事長、やすらの里建設直後から数回に渡って見学やヒアリングをお引き受けくださった平井弘美管理者（当時）を始め、多くの関係者の皆様にこの場をお借りしてお礼申し上げたい。

参考文献

青木嗣夫（1997）『未来をひらく教育と福祉　－地域に発達保障のネットワークを築く』文理閣

黒田学・社会福祉法人よさのうみ福祉会（2012）『福祉がつなぐ地域再生の挑戦』クリエイツかもがわ

尾関周二（2015）『多元的共生社会が未来を開く』農林統計出版

橋川健祐（2016）「コミュニティとの関係から生まれるしごとづくり」武田丈・川村暁雄・川本健太郎・柴田学編『これからの社会的企業に求められるものは何か ―カリスマからパートナーシップへ―』ミネルヴァ書房, p68-85

コミュニティワークにおける社会的・経済的開発アプローチに関する一考察
～和歌山「みその商店街」の事例から

金城学院大学　柴田　　学

1．本研究の背景と目的

　地域福祉を推進・実現する一つの主要な方法論としては、コミュニティワークがその位置を確立してきた。地域福祉とは、「住民の社会的生活障害に関わる現実の諸要因を軽減・除去するとともに、住民のだれもが住み慣れた地域・家庭で安心・安全に自立して暮らし続けられるよう、必要な条件を整備していく」（井岡 2008：14）ことを目的として、「生活者の視点から地域に起こる福祉問題を住民の立場から実践し、また制度改善を目指す取り組み」（牧里 2010:21）である。地域福祉は「住民主体」「住民参加」を鍵概念として、住民の生活問題、特に福祉問題の解決に向けて住民自身が主体的に取り組む活動（地域福祉活動）に着目してきたが、その活動を推進する主要な方法論としてコミュニティワークが取り上げられてきた歴史がある。

　しかし、牧里毎治（2014）は、地域社会が変貌していくなかで、伝統的な地域社会を想定した従来型のコミュニティワークの方法論では限界がきており、現代地域社会の実情に合わせたコミュニティワークへとモデルチェンジすることの重要性を論じている。また、今後のコミュニティワーク研究においては、「現代社会の地域社会の構造的理解のためには、ソーシャルネットワーク、ソーシャルキャピタル、社会的起業と連動した立体的・力動的な概念理解が不可欠である」（牧里 2014：14）とし、「特に、地域福祉研究においては社会的起業なるものを含めた地

域社会の再生や活性化の研究が持続可能な福祉社会の形成に向かう展望
や示唆を与えるだろう」（牧里 2014：14）と言及しており、地域福祉研
究における社会的起業研究の必要性を指摘している。

　社会的起業とは何か。牧里は社会的起業について「広く地域社会に職
業や仕事場をもたらし、地域の共同活動も仕事化・業務化していく社会
運動や社会現象である」（牧里 2014：11）と定義している。牧里の定義
は、工業化や都市化などの経済社会の近代化に伴い限界集落化・都市空
洞化してきた地域社会を再生するうえで、社会的起業によって仕事場や
職場を形成するという「職域社会」の再構築を企図している。また、筆
者は社会的起業を「地域社会における多様な社会問題に対して起業的手
法で解決しようとするもの」（柴田 2011：91）であると便宜的に定義し
ているが、それは起業的手法を用いる起業家個人や企業組織にのみに着
目するものではなく、地域社会（コミュニティ）において社会問題や社
会的課題に立ち向かう起業家、グループ、組織、行政との協働等を含め
たネットワークの発展や広がりのなかで現象化するものとして位置づけ
ている（柴田2010：133）。

　そもそも、日本におけるコミュニティワークの基礎理論となるのが、
主にアメリカにおけるコミュニティ・オーガニゼーション論（CO論）
の実践モデルである。なかでもロスマン（Rothman, J.）が1968年以降、
CO論を「小地域開発モデル」「社会計画モデル」「ソーシャルアクショ
ンモデル」という３つのモデルに類型化した後、1990年代以降は、M.
ウェイルら（1995：581）がロスマンの理論を発展・継承させて８つの
実践モデルに整理した（図表１）。その中のモデルの一つとして、コ
ミュニティの「社会的・経済的開発」を定義し、市民による経済活動の
支援についてもその範囲と役割について整理している。室田信一（2015）
によれば、近年の動向として、コミュニティ・ビジネスなどの起業支援
やひきこもりの若者への中間的就労の場の開発など、「社会的・経済的

図表1　コミュニティワーク実践モデルの変遷

～1960年代 (ロス, Mなど)	1960年代～1990年代 (ロスマン, J)		1990年代～ (ウェイル, M)		
	実践モデル	概要	実践モデル	概要	展望
コミュニティ・オーガニゼーション	小地域開発	住民や当事者自らが求める目標を達成するために、より多くの住民や当事者の参加を得て、またその地域の資源を活用して活動を推進する方法	住民組織化	メンバーの組織化の能力を発揮させる。都市全域の計画と外部の発展の影響を変える	地理的なエリアでの生活の質
			機能的コミュニティ組織化	アドボカシーや行動と態度の変革に焦点を当て、社会正義のための活動；またサービスを提供することもある	特定の問題や人々のアドボカシー
			社会的・経済的開発	草の根の視点から開発計画を立てる；市民が社会経済的投資を活用する準備をさせる	所得、資源と社会的サポートの開発；基礎的な教育とリーダーシップの技術の改善
	社会計画	住民が求めるサービスや資源の提供を確保するために、地域のニーズを調査して、サービス提供機関の調整を図る方法	社会計画	選ばれた団体かヒューマンサービスの計画協議会による、活動の都市全域ないしは地域の提案	行政的な区域での、社会的ニーズの地理上の計画への統合；ヒューマン・サービスのネットワークの調整
			プログラム開発/コミュニティ連携	地域でのサービスの効果を高めるための、機関のプログラムの拡張や方向付けの見直し；新たなサービスの組織化	特定の人々へのサービスの開発
	ソーシャルアクション	不利な立場におかれた人々が、直面する状況を自らの力で変革できないときに、同じ問題意識を共有する人々と連帯し、権力構造に対して政治的にはたらきかける方法	ソーシャルアクション	政策か政策形成者を変えることに焦点を当てた、社会正義のための活動	政治的な力の構築；制度の変革
			連合組織化	プログラムの方向に影響をあたえたり、社会資源を得られるほど強固な、多組織間の権力基盤の構築	社会的ニードや関心ごとにかかわる特定の問題
			社会運動	特定の人口集団や問題に新たなパラダイムを提供するような、社会正義のための運動	社会における社会正義

（出典）室田信一（2015：326）の図を基に、柴田謙治（1997：90-91）の内容を踏まえて筆者一部加筆

開発」の実践の側面が、日本におけるコミュニティワークの実践として確認することができるとしている[1]。

　つまり、コミュニティワークにおけるアプローチの中にも、既に社会的起業のような側面は導き出すことができるということであり、コミュニティワークにおける社会的・経済的開発アプローチを再考する必要があると考える。

　そこで、本研究では、商店街における社会的起業の事例を取り上げ、その発展プロセスを分析する。事例研究では、和歌山市にある「みその商店街」による実践事例に着目する[2]。みその商店街を選定した理由は、

---

[1] 室田は新たな実践モデルが登場する背景として「社会サービスの民間委託が進み、供給主体が多元化したことにより、社会的課題の責任を政府のみに求めることができなくなったことがある。その結果、関係機関の間でネットワークを築き、満たされていないニーズに対して新たなプログラムを開発する実践や、多様な関係機関による連合体を形成して政府と交渉する連合組織化の実践、活動の財源を政府に求めるのではなく、活動者自身が活動して経済的に自立できるような社会的・経済的開発の実践が新たなモデルとして登場した」（室田 2015：327）としている。

①様々な社会的課題に向き合うNPOや社会福祉法人等、社会的事業体がみその商店街に集積され、近年では「ソーシャル（社会的）商店街」と呼ばれ注目されていること。そして、②福祉的観点もさることながら、商業地としての利点を生かした経済活動を地域づくりの一部として取り入れていることが挙げられる。分析方法としては、「コミュニティ・ビジネスの発展プロセス」（神原 2011）を分析枠組み（図表2）として用い、社会的起業という現象の発展プロセスを明らかにした[3]。

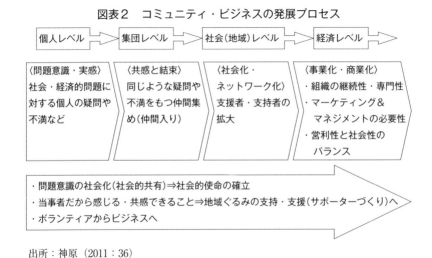

図表2　コミュニティ・ビジネスの発展プロセス

出所：神原（2011：36）

---

[2] 本研究については、具体的な人間描写がなされる部分がある。これは、質的調査にとってみれば、信頼性・妥当性の確保のために必要なことであるといえる（Merriam 1998＝2004）。しかし、人権保護やプライバシー保護の観点から、人物名については匿名とするとともに、事実を曲げない程度の若干の加工を行っている。また、調査対象者には執筆・公開の許可を得ている。なお、記述している情報は2015年現在のものである。

[3] 神原理（2011：36）によれば、コミュニティ・ビジネスは、地域の課題に対して問題意識を持った個人（地域住民）からスタートし（個人レベル）、その個人に共感・賛同した人々によるグループ形成（集団レベル）、その後は地域社会からの支持・支援を受けて一つの組織として成立することで事業がスタートし（社会レベル）、組織としてのミッションや事業性のバランス、ステークホルダー（行政や企業、寄付者、スタッフ、ボランティア、地域住民等を指す）との調整を含めて商業化のステップ（経済モデル）を踏んでいくのだという。なお、コミュニティ・ビジネスは、社会的起業の類似概念でもある（柴田 2011）。

この事例研究を通して、コミュニティワークにおける社会的・経済的開発アプローチの研究を進めていくうえでどのような示唆を得ることができるのか、考察を試みたい[4]。

2. 事例の概要と分析

(1) みその商店街の概要

和歌山県和歌山市は、県庁所在地であるとともに、中核市に指定された人口約36万人の地方都市である。面積は県全体でも4％程度だが、県全体人口の約4割が和歌山市で暮らしているというプライメントシティ[5]でもある。

今回取り上げるみその商店街は、戦後闇市の後に創設された商店街である。JRの駅近くに立地し、東通り／中通り／西通りから成り立っている。鳥渕朋子（2012）によれば、みその商店街は中心市街地・繁華街として栄えてきたわけではなく、「普段着」の地元商店街として差別化されてきたという。和歌山市中心市街地活性化基本計画においても、みその商店街は区域の対象外となっている。

みその商店街では協同組合（みその商店街事業協同組合）を1962年に組織化しており、1970年には国体開催に伴う区画整理によりアーケードが整備されている。組合員数等は80名、理事7名（理事長・副理事長2名含む）、事務局の専従職員が2名で構成されている。3階建ての長屋式建築であり、権利は区分所有である。空き店舗率は6割以上であり、商業主の高齢化とそれに連動しての居住と商店の併存問題、共有施設

---

[4] 本稿は、柴田学（2015）「社会的起業アプローチから捉えるコミュニティワークの再考—A市B商店街における社会的起業の発展プロセスを通して」『ソーシャルワーク研究』41(2)，73-80の内容をリストラクチャリングしたものである。

[5] その州や県、地方内の規模面において、2番目の都市を大きく引き離している都市現象を指す。

（アーケード、電気）の老朽化、修繕積立費がないため整備もままならず今後の投資も見込めないこと、交通マナーの悪化（違法駐車等）、組合費等の諸費滞納、様々な要因から組合そのものを脱退する商店も増加傾向にあるなど、現在でも商店街としての課題は山積している。

　そのような中、2007年にNPOの中間支援組織であるNPOセンター（NPO法人A）の事務所がみその商店街中通りの元洋品店の跡地へ移設された。元々は和歌山市にある私鉄の駅に近いビルのテナントに事務所を構えていたが、契約更新時に、「まちづくりやNPO支援をするというのに、自分達はビルの一室にいるのは違うのではないか」（B氏：インタビュー調査より）という問題意識から、「もっと街に降りて街の中で地域とフェアな目線でやり取りをしたい」（B氏：インタビュー調査より）と思い立った。また、県域全体の中間支援組織ということもあり、JRの駅に近く、バスターミナルもあるなど交通の便が良いため、活動エリアや機能性を考えるのであれば、好立地であったことも決め手の理由だったという。

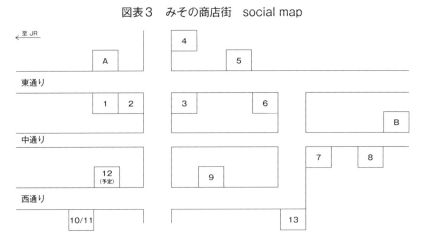

図表３　みその商店街　social map

出所：B氏による提供資料（2015年現在）

そして、2009年からはみその商店街には様々なNPOや社会福祉法人、協同組合といった社会的事業体が集積するようになってきた。全体の6割以上は閉店し、県下最大のシャッター通り化していた商店街で次々に事業所が開設され、2009年以前と比較すれば開業率が6割に上昇した。2015年現在では、14の社会的事業体が集積しており「ソーシャル商店街」とも呼称されている。その活動分野は、中間支援組織、コミュニティファンド、スポーツ復興、子育て支援，高齢者支援、障害者支援、文化芸術、障害系福祉法人によるコワーキングスペースの開設など、実に幅広い（図表3・図表4）。鳥渕（2012）によれば、これらの組織はNPOセン

図表4　みその商店街　社会的事業体の概要

	社会的事業体	みその商店街での活動内容
1	NPO法人A	中間支援組織
2	公益財団法人M	コミュニティファンド
	株式会社L	太陽光パネルを用いたソーラー発電事業等（事務所）
3	NPO法人Q	スポーツ振興、地域貢献
4	NPO法人E	障害児・者の居場所づくり、学童教育
5	NPO法人C	子育て支援、子ども体験活動、舞台鑑賞他
6	一般社団法人G	障害のある人達のアート活動拠点 （社会福祉法人Kが所有する建物1階部分を使用）
7	生活協同組合J	個人宅配やコープの紹介活動等に関する広報活動
8	NPO法人R	成年後見制度を活用した障害者支援活動
9	NPO法人D	盲ろう者支援、盲ろう者がさをり織りを生産するアトリエ （販売等含む）
10	NPO法人F	高齢者の居場所づくり、ランチサービス等
11	NPO法人I	高齢者や障害者の地域生活支援
12	子育て支援系（予定）	
13	社会福祉法人M	コワーキングスペース（1F）、障害者の就労訓練支援（2F）
A	飲食店	B氏が経営するスペイン・バル
B	デザイン事務所	web制作等

※B商店街social mapの番号と連動

出所：B氏による提供資料に筆者一部加筆（2015年現在）

ターと直接的な関係性のない団体もあるものの、組織同士ではアートの分野や子ども、高齢者の分野同士の連携も進んでいるなど、つながりが形成されているという。近年では、商店街活性化や地域再生、福祉的観点からも注目されており、他県からの視察も増えている。

（2）みその商店街における社会的起業の発展プロセス
１）個人レベル～孤独死と向き合う

　通称「ソーシャル商店街」の仕掛け人でもあるＢ氏はNPOセンターの副理事長として、2007年11月にNPOセンターの事務所をみその商店街内にオープンさせた。その年の年末に、Ｂ氏のその後の運命を大きく変える出来事が起こる。事務所の目の前の物件で、当時麻雀荘を廃業していた女性の一人暮らし高齢者が誰も知らない間に孤独死していたのである。店が閉店し、商店街における人と人との交流が途切れがちになってしまったが故の問題でもあった。当時の状況についてＢ氏は、「これはショックでした。町のあるべき活動をしていないと、誰にも知られず命が失われることがあると身をもって体験した」（湯浅 2014：388）[6]と感じ、愕然としたという。

　その後、入居した年初めには「はじめてのまちづくりワークショップ」という企画の開催、大学生との合同自主企画として餅つき大会を実施するなかで、普段は店を閉めているために近所でも顔を合わせていなかった住民が集まる機会をつくるなど、組合や商店主からも認められるようになっていく。そして、孤独死が起きた衝撃と、商店街の人々との交流の中で、Ｂ氏は「本気で商店街の地域づくりに関わる決心を固めよう」（Ｂ氏：インタビュー調査より）と考えるようになる。

---

[6] 湯浅誠氏がＢ氏に雑誌（文藝春秋）でインタビューした内容を抜き出している。以下も同様。

2）集団レベル〜みその商店街の一員としての当事者化

　大きな転機は、孤独死が起きた物件を、2009年の３月にＢ氏が個人購入することにより、みその商店街の組合員になる権利を得たことだ。みその商店街の組合員になるためには通例上の条件として、土地の地権者になる必要があった。Ｂ氏は組合に加入と同時に理事になった。

　また、Ｂ氏は組合員になって初めて、商店主（組合員側）の目線に立ってみその商店街のことについて考えるようになる。Ｂ氏は次のように語る。

「組合員になる前、外からやってきて最初は『商店街の活性化』とか言っていました。しかし、それは誰のための何のための活性化だったのかも漠然としていて、自分たちがいう活性化って、どこかズレているように感じていた。しかし、組合員や理事になったことで、商店街の問題がより自分の街の問題と感じるようになった。」（Ｂ氏：インタビュー調査より）

　つまり、Ｂ氏自身がみその商店街の一員として、当事者化することにつながっていったのである。また、わが街の問題になることで、みその商店街が抱える課題をより身近に感じ、解決していこうという機運が高まったといえよう。

　なお、この時期には、Ｂ氏が空き店舗を所有していた家主と、子ども系NPO（NPO法人Ｃ）をつなぎ、両者の交渉を経て賃貸契約を結んだことで、みその商店街にNPO法人Ｃの事業所が2009年４月にオープンした。その他にも、NPOセンターの直接事業として、カフェ＆雑貨「絵本ぐるぐる」を2009年10月にオープン（2013年３月に閉店）させるなど、みその商店街が「ソーシャル商店街」としての一歩を踏み出していく。

3）社会レベル～生活課題解決型の専門店街へ

　2010年6月にはみその商店街事業組合の理事改選で、B氏が副理事長に就任する。そして、8月にはエイブル・アート（障害者の芸術文化運動）プロジェクトが開催され、2011年にはみその商店街をメイン会場に「エイブル・アート近畿2011」というまちなかアート展を開催し、障害者の芸術作品が展示され約4,600人を集客した。2010年10月には中小企業団体連合会主催の「くみあい祭り」を開催し約5,000人が来場したほか、2010年12月には地域の団体が主導して参加した歳末イベントを手づくり開催するなど、みその商店街が十数年ぶりに賑わいを見せた時期だった。

　しかし、B氏としては商店街を昔のような賑わいを取り戻すという発想は持っていなかったという。

「みんながいう活性化は、ひと昔前の賑わっていた時代のことをいうわけです。そうではないと。瞬間的に賑わいをつくり出せたとしても、それが毎日では絶対無いわけです。」（B氏：インタビュー調査より）
「もう孤独死のような問題が起きないためには、どうしたら良いのかというのがずっとあった。そう考えたときに、例えば、誰も住んでいない空き店舗はもちろんありますが、孤独死した物件同様に、2階には高齢者が住んでいるけれど、1階部分は使っていないという空き店舗もあるわけですよ。そういう商店スペースも含めてどうやって整えて、家主に貸してもらえるかを掘り起こしていこうと思ったんです。」（B氏：インタビュー調査より）

　そこで考えたのが、NPOをはじめとする社会的事業体を集積させた「生活課題解決型の専門店街（ソーシャル商店街）」の発想である。空き店舗の実情も踏まえた上で、NPOや福祉関係者に商店街での事務所開

設を呼びかけるようになる。みその商店街を希望した団体には、地権者との家賃交渉や条件整備をサポートしていく。

「大規模ショッピングセンターやロードサイド店にはない特徴は何か、それは、小さいけれど専門店が列をなしていることだと。それならNPOはぴったりじゃないかと思ったのです。NPOをはじめとする社会的課題に取り組む団体はスモールビジネスで、『育児』『介護』『高齢者雇用』などの専門店でもある。」（湯浅 2014：388）。

　2011年以降は、自ら商店街への進出を望む団体も出始めるなど、様々な社会的事業体がみその商店街に集まるようになる。2011年には盲ろう者を支援するNPO法人Dの拠点が開設されるとともに、障害児・者の居場所作りを展開するNPO法人Eの拠点、2012年には高齢者の居場所づくりとしてコミュニティランチ等を提供しているNPO法人Fの拠点スペース、一般財団法人Gが社会福祉法人Hの所有する建物1階部分を賃貸してオープンさせた障害者のアートサポートスペース、高齢者や障害者の地域生活支援を展開するNPO法人Iが開設されている。

　2012年以降も、生活協同組合Jが展開する店舗スペースの開設、一般財団法人K（現在は公益財団法人）によるコミュニティファンド、太陽光パネルを用いたソーラー発電事業を展開している株式会社L、2014年には障害者の就労支援を目指して社会福祉法人Mによりコワーキングスペースが開設され、2015年3月には同法人による障害者の就労訓練施設がコワーキングスペースの2階部分に開設されている。

４）経済レベル～社会的事業体が商業地としての基礎をつくる
　B氏は個人購入した物件を用いて、2011年にスペイン・バルの経営を

始めた。B氏は、以下のように語っている。

「以前に孤独死が起きてしまった場所でもあり、そういった印象なども払拭したかった。商店街では、僕らのあとで居酒屋さんが二店出店するなど、呼び水効果もあったのではないでしょうか。これはちょっとした裏話なのですが、飲食店を開いた理由に、ここの商店街の大地主が酒屋さんだったこともあるんです（笑）。僕らは単なる店子ではなくて、お酒をたくさん仕入れるお客さんでもあるんです。」（湯浅 2014：389）。

　B氏は酒屋以外にも、他の商店街の店舗ともできるだけ仕事の持ち合いができるように関係を深め、商店街同士の循環や個人的なつながりを形成していった。また、NPO等の社会的事業体が集積したことにより、その事業所を利用している障害者や高齢者、そしてスタッフ等が商店街のお客になるという循環も生み出している。実際に、NPOの関係者だけでも1日50人（月で延べ5,000人、年間で延べ6万人）がみその商店街に集まる計算になるという（鳥渕 2012）。

　そして、B氏は、NPO等の社会的事業体が商店街の基礎をつくるとして、次のように述べている。

「商店街は商業地であり、経済的指標で評価される場所です。なので、成功するか否かは地価で決まります。自身も組合員になることで気づいたのは、本当の意味でのこの地域の活性化は、ここに住んでいる人達の資産価値を上げるという事ではないかと思うようになりました。空き店舗に借り手がついていくというのを、増やして行くことが商業地としての価値を高めることになる。」（C氏：インタビュー調査より）

130

実際に、空き店舗にNPO等の拠点が参入してきたことで、地価は全体的に上がってきているという。したがって、みその商店街における地域づくりの実践は、社会的課題に取り組む事業者が集まる生活課題解決型の専門店街づくりでもある一方で、経済活動の一部でもあると捉えることができるだろう。

3．事例研究から得られる示唆

（1）コンテクストづくりを志向したコミュニティワーク実践

　従来のコミュニティワークが、地域住民主体で展開する地域福祉活動の創出を開発的機能として担ってきたとするならば、それはある意味では地域の中に地域福祉活動という「コンテンツ（単品）」を様々な形で組織化してきたのだといえる。みその商店街の事例をコミュニティワーク実践として捉えるならば、様々な社会的事業体を商店街の中に巻き込みながら、商店街というコンテンツを再組織化した実践と考えることもできよう。

　しかしながら、B氏が社会的起業の発展プロセスの中で展開してきたのは、構造化された地域課題に対して、「生活課題解決型の専門店街を形成する」という解決の方向性を設定・予測し、様々な社会的事業体との協働やネットワークづくりをデザインしたことであろう。それは、ただ単に商店街というコンテンツの再組織化だけではなく、「ソーシャル商店街（生活課題解決型の専門店街）」というシナリオやストーリーを構想した「コンテクスト（文脈）」づくりであったといっても良い。

　コンテクストづくりを志向したコミュニティワーク実践では、例えば地域福祉活動というコンテンツづくりにおいても、「なぜその活動が求められるのか？」というストーリーを地域の中で共有するなかで共感を生み出し、コンテンツそのものの価値を高めていくという支援の方向性

131

も想定できるかもしれない。または、様々なコンテンツづくりを実践しながら、それらのコンテンツが協働できるようなシナリオを構想するというコンテクストづくりの方向性も考えられる。近年では、地域のニーズを把握して課題解決を展開する地域づくりではなく、既に地域が有している（人・土地・知識・モノ・制度等含めた）地域資源を最大限に活用した地域づくり（Asset-based Community Development【ABCD】）が注目されているという（桜井 2015）。【ABCD】の考え方をふまえれば、みその商店街におけるコミュニティワーク実践も、コンテンツの有する価値や可能性、強みを最大限に生かしたコンテクストづくりが展開されていたと考えられる。

(2) 多元参加型福祉コミュニティの形成

みその商店街では、商業地という経済活動が展開されるべき空間の中に、様々な社会的事業体が集積することで福祉的機能の構築がなされていた。コミュニティワークの視点から考えれば、それは「まちづくり」や「地域づくり」「コミュニティづくり」という大きな括りになるだろうが、従来のコミュニティワークであれば、その担い手は地縁型の活動組織である自治会や町内会、住民福祉協議会をアクターとして想定されていたであろう。

しかしながら、B氏は多種多様な実践主体をみその商店街のアクターとして機能させていた。今後、地域社会を取り巻く環境が日々変貌を遂げるなかでは、地縁型組織である自治会・町内会や社協等の実践主体だけではなく、エリア性を超えるような実践主体そのものの多様性を受容した福祉コミュニティ、言い換えれば、多元参加型福祉コミュニティの形成（柴田 2017）[7]をコミュニティワークとして企図的に展開する戦略性が求められるのではないかと考える。

（3）イノベーションの創出という視点

瓦井昇（2011）によれば、これからの地域福祉については、いかに活動のイノベーションを創出していけるかが目標になるという。このイノベーションという用語については、「『技術革新』とだけ訳すのは誤訳であり、正しい意味はthe introduction of something newであって、『社会に新しい価値をもたらす行為』」（瓦井 2011：233）であるとしている。社会的起業の研究でいえば、ソーシャル・イノベーションの概念が地域福祉のイノベーションを考えるうえで参考になる。谷本寛治ら（2013：8）によれば、ソーシャル・イノベーションとは「社会的課題の解決に取り組むビジネスを通して、新しい社会的価値を創出し、経済的・社会的効果をもたらす革新」であると定義し、そのポイントとして①社会的課題の解決を目指したものであること、②ビジネスの手法を用いていること、③社会的価値と経済的価値が求められること、④新しい社会的価値を創出すること、以上4点を挙げている。

B氏が展開してきた社会的起業の現象においても、まさしくソーシャル・イノベーションが想定している4つのポイントをクリアしているといえる。「商店街があるべき姿（商業地）として活用されないと命が失われる」（B氏：インタビュー調査より）というB氏の言葉にあるように、①商店街で孤独死を起こさせないために、②社会的事業体を商店街に集積しながら商業地としての価値を高めることで、生活課題解決型の専門店街を形成していったこと。③福祉的アプローチと経済的アプローチ双方を担保していること。そして何よりも、④商店街再生において「ソーシャル商店街（生活課題解決型の専門店街）」という新たなコンテクスト・社会的価値への転換を生み出したこと、これらのインパクトは

7　厳密には、「開放的な多元参加型福祉コミュニティ」と定義しており、多種多様な状況にある人々が交わる地域社会であるからこそ、一人ひとりの個性や価値観の違いをも認めあい、刺激しあえる地域づくりのあり方を理想型として提起したものである。

非常に大きいといえる。そういう意味でみその商店街による社会的起業の営みは、まさしくソーシャル・イノベーションを創出したといっても過言ではないだろう。コミュニティワークにおける社会的・経済的アプローチの実践においては、このような社会的起業の営みから、どのようなイノベーションが創出されたのかという視点に注目していく必要があると考える。

4．おわりに

　以上、みその商店街の事例研究を通して、コミュニティワークにおける社会的・経済的開発アプローチについて考えてきた。近年の地域福祉は、福祉課題の解決だけではなく、地域資源の発掘や産業・仕事づくりの地域振興など、地域の複合的な課題にまで視野を入れる形で対象が拡大している。厚生労働省（2017）『地域における住民主体の課題解決力強化・相談支援体制の在り方に関する検討会（地域力強化検討会）』最終報告書でも、地域の複合的な課題に対して、福祉、医療、教育、環境、農林水産、観光などの分野を超えた協働や地域づくりの推進が強調されており、地域福祉における対象の拡大は政策的な論点にもなってきた。より分野横断的な方法やあり方が問われる中で、コミュニティワークにおける社会的・経済的開発アプローチは、それを乗り越える上でも重要な位置づけになるのではなかろうか。そういう意味で、みその商店街の取り組みから学ぶことは多いと思われる。

　実際のコミュニティワークの主体も、もはや社会福祉協議会や地域組織のみに集約される時代ではない。多種多様な担い手が地域福祉の推進に関わる時代である。例えば、施設事業が主体だった社会福祉法人ですら、社会福祉法改正で「地域における公益的な取組」が責務として規定された。社会福祉法人も地域づくりに関わることが当然となる時代がく

るかもしれない。そのような観点でみれば、みその商店街において出店している社会福祉法人Mのように、誰もが関わりを持てるコワーキングスペースを開設しながら、障害者の就労支援を展開しているのは注目に値する。コワーキングスペースでの地域経済活動と社会福祉の実践をどう重ね合わせながら、商店街活動に関わっているのか。今後は、みその商店街に出店している社会福祉法人の取り組みにも注目しながら、社会福祉法人における地域貢献やコミュニティワークのあり方、特に社会的・経済的開発アプローチの実践に着目して研究を深めていきたい。

参考文献

井岡勉（2008）「地域福祉とは何か」井岡勉監修、牧里毎治・山本隆編『住民主体の地域福祉論−理論と実践』法律文化社，11-21

呉裁喜（2003）「質的調査法」平山尚・武田丈・呉裁喜・藤井美和・李政元著『ソーシャルワーカーのための社会福祉研究法』ミネルヴァ書房，168-202

瓦井昇（2011）『地域福祉方法論　計画・組織化・評価のコミュニティワークの実践』大学教育出版

神原理（2011）「コミュニティ・ビジネスとは何か　市民による市民のための事業活動」徳田賢二・神原理編著『市民のためのコミュニティ・ビジネス入門』専修大学出版局，23-40

牧里毎治（2010）「地域福祉とは何か」『NHK社会福祉セミナー2010年８月〜11月号』日本放送出版協会，21-16

牧里毎治（2014）「コミュニティワーク研究の展望」『ソーシャルワーク研究』Vol.40 No.1　相川書房，5-14

Merriam, S.B.（1998）*Qualitative Research and Case Study Applications in Education: Revised and Expanded from Case Study Research in Education*, Jossey-BASS.（＝2004、堀薫夫・久保真人・成島美弥訳『質的調査法入門—教育における調査法とケース・スタディ』ミネルヴァ書房）

Weil, Marie O., and Gamble, Dorthy W.（1995）: "Community Practice Models",

Richard L. Edwards et al. eds., *Encyclopedia of Social Work 19th edition*, NASW, 580-589

室田信一（2015）「アメリカ」社会福祉士養成講座編集委員会編『地域福祉の理論と方法』中央法規出版，323-329

桜井政成（2015）「『ヒト』から始める公益事業の新アプローチ：地域人材を活かす組織作り」『公益・一般法人』（892）2015年5月1日号，32-37

柴田謙治（1997）「コミュニティワークの歴史的展開」松永俊文・野上文夫・渡辺武男編著『現代コミュニティワーク論』，80-101

柴田学（2010）『社会起業における発展プロセスと福祉的機能と役割の表出に関する研究―地域福祉推進の立場から』、関西学院大学大学院人間福祉研究科修士論文

柴田学（2011）「日本における社会起業理論を再考する　地域福祉への新たな視座を求めて」『Human Welfare』第3巻第1号，関西学院大学人間福祉学部研究会，91-105

柴田学（2017）「地域福祉における『まちづくり』―その再考と模索―」牧里毎治・川島ゆり子・加山弾編著『地域福祉と地域再生－機能と構造のクロスオーバーを求めて』相川書房，99-114

谷本寛治・大室悦賀・太平修司・土肥将敦・古村公久（2013）『ソーシャル・イノベーションの創出と普及』NTT出版

鳥渕朋子（2012）「NPOの集積による商店街の再生」『都市研究』（12）近畿都市学会，35-52

湯浅誠（2014）「NPOが商店街を甦らせる（連載：この国を救う「新しい日本人」第二回）」『文藝春秋』2014年6月号　文藝春秋，386-395

「仕事づくり」と地域の課題解決による
社会福祉法人の地域への貢献
—— 泉北ニュータウン「みんなのマーケットプロジェクト るぴなす」の事例から

東海大学　竹内　友章

1. はじめに ― 社会福祉法人の地域貢献への視座とみんなの マーケットるぴなすへの注目

　2016年3月に改正された社会福祉法により、社会福祉法人は「地域における公益的な取り組み（24条第2項）」や「地域公益事業（55条の2第4項第2号）」を行わなければならないとされた。経営組織の見直し、情報開示、財務規律の強化、地域への公益的取り組みの義務付けなどがなされた社会福祉法人改革に関しては、公益性のあり方を再定義するものであり「本来の民間性への原点回帰（村田, 2014：200）」であるという指摘がある一方で、積極的な経営戦略や地域福祉戦略の1つにもなりうるとの指摘もされている（全国社会福祉経営者協議会, 2016：呉世雄, 2018）。このような指摘を換言すれば地域貢献を「義務」として捉えるのではなく、積極的に展開していくことの重要性への指摘であるということが言える。地域福祉的な文脈で捉えれば、平野（2013）が岡村重夫の「法律（制度）による社会福祉」と「自発的社会福祉」に加えて「開発型社会福祉」の重要性を指摘しているように（平野, 2013：281-282）、地域社会のニーズに的確に応えられるような事業を開発し、提供することが求められているということが言えるだろう。

　本稿では、社会福祉法人の地域貢献を、①地域との関わりが生まれたプロセス、②地域課題との関係、③社会福祉法人が地域に与える影響、④地域と関わるためのマネジメントの4つの視点から事例を見てみた

い。事例として取り上げるのは、社会福祉法人ライフサポート協会（以下、ライフサポート協会）が泉北ニュータウンで展開をするスーパーマーケット「みんなのマーケットプロジェクトるぴなす（以下、みんなのマーケット）」である。西日本最大規模を誇る大阪府の泉北ニュータウンが街開きをして約50年がたち、街の老朽化、少子高齢化が進みスーパーマーケットなど生活に必要なインフラが撤退するなど住民の地域生活への影響が出てきている。その中で、NPO法人、自治会、社会福祉法人、などが「泉北ほっとけないネットワーク」を結成し、互いの良さをかけ合わせ協働しながら泉北ニュータウンを時代に合わせた街として再生しようと、さまざまな取り組みが行われている。みんなのマーケットはそれらの事業の中の１つの取り組みである。

２．泉北ニュータウンの地域づくりプロジェクトの発足

（１）泉北ニュータウンとニュータウンの課題

　泉北ニュータウンは、高度経済成長期に住宅需要に応えるために大阪府が1965年に堺市南部と和泉市の一部にまたがる約1,557ヘクタールに開発した西日本最大規模のニュータウン[1]である。泉北高速鉄道沿線の丘陵地帯に泉ヶ丘、栂（とが）、光明池の３地区があり、公営住宅、マンションなど約５万8,000戸の住宅が並ぶ。1967年に入居が始まり、ピーク時の1992年には約16万5,000人が生活する街となったが、2014年３月

---

[1] ニュータウンという用語は、「郊外住宅地」「新興住宅地」と同じ意味で扱われることが多いが、国土交通省では、①1955年度以降に着手された事業、②計画戸数1,000戸以上又は計画人口3,000人以上の増加を計画した事業のうち、地区面積16ヘクタール以上であるもの、③郊外での開発事業（事業開始時に人口集中地区外であった事業）の３つの条件を提示している。国土交通省が2018年に作成した「全国のニュータウンリスト」には、これら条件を満たしたニュータウン2,022箇所が列挙され、その中に開発面積が300ヘクタールを超える「大規模ニュータウン」は64箇所である。（国土交通省, 2018）

時点での人口は約13万2,000人と人口は減少傾向にあり、また世帯分離による若年層のニュータウン外への流出傾向が顕著である。結果として、少子・高齢化が進行する速度が速く、高齢者の独居世帯が増加する傾向にある。開発当初に入居した層が一挙に高齢化し、また彼（彼女）らの子どもが街を離れることで、街の人口減少が急速に進んでいる。それに伴い、地域の商店の撤退、空き家の増加が急増している。

　そもそも、ニュータウンは、小学校を中心に、徒歩圏内に必要な施設を整備して地域で生活が完結できる近隣住区論（Perry,=1975）の考え方に基づき街がデザインされていると言われている（例えば、高橋・浜崎他, 2018）。泉北ニュータウンには16ある住居地区（住区）それぞれのほぼ中央に商業機能とコミュニティ構築の役割を担う近隣センターが設けられ、自治会館のほか、食品スーパーを中心に各種小売店が誘致・配置されている（図1）。どの住宅からも500m（徒歩で10分程度）移動すれば、近隣センターにたどり着ける設計となっていた。食品や日用品な

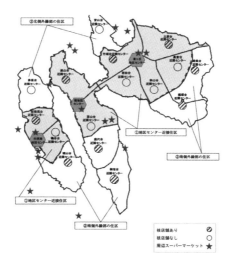

図1　泉北ニュータウンと近隣センターの配置
出所：堺市（2015：10）より一部加筆修正

ど日常的な買い物は近隣センターで、衣料品などは駅前の百貨店や専門店街などが入る地区センターで済ませることができ、ニュータウンの内で生活を完結させることができていた。しかし、近年は、複数の近隣センターからスーパーが撤退するなど、衰退が顕著である（堺市, 2015）。近隣センターに空き店舗が目立ち、買い物や食事ができる場所が減り、移動が困難な高齢者や自動車を所有しない人たちにとって生活のしにくい環境になってしまっている。

（2）地域再生のための協働の芽生え 一泉北ほっとけないネットワークの結成

　このような状況にある泉北ニュータウンで、多様な主体の協働による地域再生の取り組みがはじまったのは、2010年のことである。高齢化率が約35％、また府営住宅の空や家率が約23％と課題の多い槇塚台地域で、自治会や、泉北ニュータウンのまちづくりを考えるNPO法人すまいるセンターが中心となり、周辺の社会福祉法人、大学、行政が参加する「泉北ほっとけないネットワーク」の前身となるプロジェクトチームが結成された。活動の方針づくりのために行われた、槇塚台地域のほぼ全世帯に当たる1,800世帯を対象にしたアンケートからは、約7割の住民が「今後もこの街で暮し続けたい」という想いが明らかになった。高度経済成長期に移住してきた人がほとんどの地域で、多くの人が住み続けたいと考えていることにNPO法人すまいるセンターの代表理事で、泉北ほっとけないネットワークの発起人でもある西上孔雄氏は、驚かされたという。そこで「もう一度、安心して暮らせる環境を」と2010〜2012年度の3年間「国土交通省高齢者等居住安定化推進事業」補助金を活用して、空き家となった府営住宅を活用した「高齢者向け支援住宅」、近隣センターの空き店舗を活用し、配食サービスの拠点も兼ねた「槇塚台レストラン」、地域の「交流スペース」や戸建の空き家を改修したシェ

アハウス「緑道下の家」の4つの拠点が整備された。これらの拠点を中心に様々な活動が展開されていくことになる。補助金を活用し拠点整備を行い、これらを持続可能な活動へと展開していくために結成された地域ネットワークが「泉北ほっとけないネットワーク」である。

（3）協働から始まる地域再生　みんなのマーケットプロジェクトへの布石

　これら4つの拠点を中心に多くの人が関わりながら健康や食事、福祉、居住など様々な地域サービスが展開されている。例えば、「高齢者向け支援住宅」は自宅でも施設でもない自由な居場所づくりが心がけられている。自宅での介護には限界があり、施設の介護では行動に制約がかかってしまうため、「高齢者の健康にとって一番大切なものを」と社会福祉の専門家と建築家などが一緒に設計された。運営は地域の社会福祉法人が関わっている。また、「槇塚台レストラン」のデザインは、建築家と建築を学ぶ学生が共同で行い、メニューづくりには栄養学を大学で教える専門家が担当をし、買い物に行くのが困難な高齢者に質の高い食事を提供したり、見守りを兼ねた配食サービスが展開されている。運営は泉北ニュータウンで活動をする福祉系のNPOが行なっている。また、活動を続ける中で、利用者として参加していた地域住民が調理のスタッフになるなど支援者と利用者に限らない関わり方が生まれたり、槇塚台レストランでは地域住民が有志で居酒屋を営業したりと、想定になかった使い方がされるようになってきた。

　高齢者の地域生活を支えるための拠点として整備された4つの拠点ではあったが、麻雀クラブやダンスサークルが活動拠点としたり、子ども向けのハロウィンパーティーやクリスマス会が開催されたりと活動するメンバーも定年を迎えた高齢者だけでなく、移住してきた子育て世帯などにも拡大をしていった。拠点を整備し、協働で事業を展開することで

地域に様々な活動の芽が生まれていったことが、みんなのマーケットが始まるきっかけとなった。

3．社会福祉法人ライフサポート協会とみんなのマーケットプロジェクトるぴなす

（1）社会福祉法人ライフサポート協会とは　源流にある人権のまちづくり

　ライフサポート協会は1999年に発足した社会福祉法人であるが、その源流には、同和対策事業がある。差別による劣悪な環境や生活実態を改善しようと住民が立ち上がり行動してきた、「人権のまちづくり」の取り組みが基盤となっている。当時のまちづくりの指針として、①我々が永住するまちである、②すべての地域住民を対象とする町づくりである、③人間のつながりを大切にする町づくりである、④住民の健康を守る町づくりである、⑤子ども・老人・障害者がのびのびと生活できる町づくりである、⑥近隣住民に開かれた町づくりである、という6つの原則が掲げられていた。当時のまちづくりから「ノーマライゼーション」や「ソーシャルインクルージョン」につながるような理念が、意識がなされてきたということが言える。老人福祉センター、障害者会館、診療所等の地域福祉の拠点が次々と建設されていき、地域の高齢者の支援のためのホームヘルパー事業などのサービスが生まれた。これらの事業を同和対策でなく一般施策として広く区民の課題に対応できる福祉事業への転換が求められ、2000年の介護保険法の施工や、2002年の同和対策事業の終了などの背景もあり、新しい展開として1999年7月に社会福祉法人ライフサポート協会（以下、ライフサポート協会）が設立された（図2）。

　現在、ライフサポート協会は、「すべての人が尊重される社会の実現」

法人理念
「すべての人が尊敬される社会の実現」（人権社会の実現）
法人使命
1. 人間の尊厳を守る地域生活への貢献
　1. 全ての人が人として尊敬される地域生活を実現します
　2. 安心して地域で生活していくための在宅介護支援を推進します
　3. その人らしい暮らしを大切にした介護内容を推進します
　4. 行政施策の改革と導入、社会資源との連携で総合的な地域福祉を構築します
2. 一人一人が助け合い生き生きと暮らせる町づくり
　1. 地域課題の発見、効果的支援における住民の役割を重視します
　2. 住民参加による地域福祉ネットワークを推進します
　3. 住民自身が中心に活躍し、支えあう活動を支援します
　4. 人権を尊重し、全ての住民を包み込む地域社会をつくります
3. 安定的事業の推進
　1. 中学校区を中心に地域社会に密着した総合的福祉事業を展開します
　2. 効率的運営で事業を安定的に供給し、地域福祉に貢献します

図2　社会福祉法人ライフサポート協会の理念と使命
出所：ライフサポート協会HPより筆者作成

を法人の理念に掲げ、大阪市住吉区を中心に障害者福祉事業・高齢者福祉事業を包括的に展開している。地域で暮らす人々のライフサイクルに合わせて、いつでも相談ができ、支援のできる拠点となることが法人の役割であると位置付けられている。そのため「福祉」を特別なものとせず、また福祉施設が「特別な場所」とならないように、様々な地域との交流イベントを開催したり、施設の空きスペースを地域住民に解放したり、小・中学生の総合学習に協力をするなど「福祉」[2]を身近に感じてもらえるような仕掛けをこれまで行ってきた。

2　ライフサポート協会が目指す「福祉」は「普段の暮らしの幸せ（ふ：だんの　く：らしの　し：あわせ）」と説明される（ライフサポート協会　原田氏ヒアリングより）。

（2）みんなのマーケットプロジェクトの立ち上がり

　さて、みんなのマーケットが展開する泉北ニュータウンの１つ高倉台地域では、高齢化率31.8％で、公営住宅が他の地域に比べて多くあるのが特徴である（堺市, 2015）。高倉台地域の近隣センターにも、スーパーが開設され、これまで様々な事業者が、スーパーを経営してきたが、人口減少や周辺地域に出店した大型量販店の影響で売上の伸び悩みが原因で、2004年には近隣センターに出店していたスーパーマーケットが撤退してしまった。2007年に近隣センター周辺の建て替え工事が行われ、大手企業グループの有料老人ホームが開設された際、併せて、近隣センターにミニスーパーのための店舗が用意された。このスーパーの運営には、ニュータウンの開発当時からいくつもの近隣センターでスーパーマーケットの運営実績がある「堺市市場連合会（以下、市場連合会）」が参画をし、2008年には市場連合会が有限会社を設立して、この店舗でミニスーパーが改めて開業したが、売り上げが2008年から2014年の間に半減し、休業状態となってしまった。

　2014年３月以降は地域に買い物ができる場所がなくなり、地域住民からは「スーパーマーケットがなくなることで、生活できない人がでてしまうのでは・・・」と不安の声が大きくなった。このような課題は、泉北ニュータウンが位置する堺市にとっても大きな課題であり、2015年に策定された『泉北ニュータウン再生プラン』の中でも近隣センターの機能を再整理し、センターを拠点に住民生活の基盤を整えていくことの重要性が指摘された（堺市, 2015）。そこで、堺市がこれまでの泉北ニュータウンで空き家や空き店舗を新しい形に作り変え地域の拠点整備を行い、実績を積んできた泉北ほっとけないネットワークに、空き店舗再生を相談したことが、みんなのマーケットが立ち上がるきっかけとなった。泉北ほっとけないネットワークを中心に、周辺の自治会や社会福祉協議会、市民活動団体などが協議を行い、スーパーマーケットの再生を

144

近隣センターの商業機能の回復だけでなく、地域の人たちが交流する場など「総合的な福祉サービスを創造するもの」として構想し、堺市の「公募提案型協働推進事業[3]」に2014年に採択されたところから事業が始まった。

（3）みんなのマーケットプロジェクトの活動

　売り上げの伸び悩みが、スーパーマーケット運営の課題であり、これまでの事業が撤退する原因ともなっていた。そこでプロジェクトが注目したのが、障害者福祉事業によるスーパーマーケットの運営である。ライフサポート協会が、商品の販売を市場連合会から受託し、障害者の就労支援を行う就労継続支援Ｂ型事業所としてスーパーマーケットを運営することで、少ない売り上げでも事業の継続が可能となっている。この事業の中では、障害者が将来の収束のための訓練として店舗の品出しや、商品の加工、在庫のチェックなどの運営業務を担当している。福祉事業を行うことで、給付金を受け取ることが可能になるなど経営基盤が安定するが、障害者の雇用の創出や、また地域での役割づくりにもつながっている。

　みんなのマーケットプロジェクトは、泉北ほっとけないネットワークを中心に、堺市、連合自治会、校区福祉委員、市区の社会福祉協議会、地域包括支援センターなどが参画する運営会議を組織しながら運営方針を決定しているところに特徴がある（図３）。スーパーマーケットの運営に関してはノウハウのないライフサポート協会に代わって扱う商品の仕入れは市場連合会が担い、他の近隣センターでスーパーマーケットの

3　この事業は、NPO法人などの市民活動団体や企業の新しい発想や専門性を活かし、市と役割分担をしながら相乗効果を発揮して、地域的・社会的課題を解決するための事業を実施することで、見落としている地域課題の発見や新しい公益的なサービスにつながることを期待され、2014年から3年間実施されたものである（堺市, 2014）。

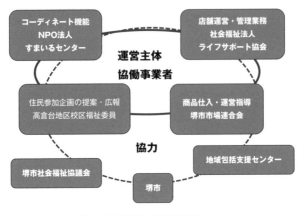

図3 みんなのマーケットに関わるネットワーク図
出所：西上氏提供資料を筆者一部加筆修正

展開をしていることで仕入れを一括で行うことができ、仕入れ値を安く行うことができ、様々なつながりから漁港や、農家から野菜を仕入れることが可能になっている。また、店頭では、主に高齢独居の男性向けに栄養士が献立を監修した弁当が販売されているが、これらの企画は泉北ほっとけないネットワークの空き家を再生したレストランでの経験が生かされている。

　2015年の開設当時の売り上げは、月に6万円程度であったが、2018年度は月に100万円程度売り上げをあげることができるようになり、徐々に地域の人にとって大切なスーパーマーケットになっている。ライフサポート協会の原田徹氏は「まだお客さんは少ないが、今来てくれているお客さんほど、福祉的なニーズは高い。この少数のお客さんの課題に対応をして行くことがまず重要なのではないか」と語る。たとえ利用者が少なくても、利用している人にとっては大切な社会資源であり、みんなのマーケットの取り組みは、そのような少数の課題に対して関わる団体

がそれぞれの得意分野を生かし、互いを補完し合うことで、地域課題解決モデルをつくりあげている。

4．まとめにかえて

　本稿で取り上げた、みんなのマーケットの活動を振り返ってみよう。簡単に切り取ってしまえば社会福祉法人が行う障害者就労継続支援Ｂ型事業所であるが、そこにはいくつも地域と共に歩もうとする社会福祉法人の姿を見ることができる。

　１つ目は、住民の困りごとを事業を通して解決していく点である。スーパーマーケットの撤退、地域の高齢化などの影響で買い物弱者が増加しかねないエリアにおいて、障害者の就労支援という本来ある社会福祉法人としての目的を達成している。これまで何度もスーパーマーケットの運営団体が変わってきたことからもわかるように、事業として採算が取れにくい地域で持続可能な経営を行うためには、多元的な資金調達の仕組みが必要になる。商品の売り上げはもちろんであるが、障害者総合支援法に基づく報酬や、事業立ち上げの際の、堺市からの補助金もそこに含むことができるだろう。原田氏の言葉にもあるようにこのような地域では、大きな（高額な）買い物をすることはないが、毎日少しずつ買い物に来る人たちにこそみんなのマーケットのような活動が重要であり、時にはライフラインになることもあるだろう。収益が上がりにくいが、地域にとって不可欠な施設や活動を持続可能にしていく手段として多元的な収入構造を構築する必要があるが、社会福祉法人にはそれを担うことのできる可能性を有しているということが言える。

　２つ目は、地域づくりのプロセスにある多様な主体の関わりの中に、ライフサポート協会の活動も埋め込まれている点である。紙面に制限があるために、ライフサポート協会が泉北ほっとけないネットワークに参

画することになった経緯に関して本稿で詳しく説明することができなかったが、泉北ニュータウンの地域再生のための多様な主体の1つとしてライフサポート協会が存在していることは明らかになったであろう。空き店舗運営のための依頼にしても、泉北ほっとけないネットワーク地域の一員として社会福祉法人の存在が周知されていることが重要となる。地域に自らの活動を伝えるためにも、地域との接点をどのようにいかに作っていくのかは社会福祉法人にとって大切なポイントであろう。

　3つ目は、社会福祉法人としての本来の事業を地域で展開することで起こる関係性の変容への注目である。ライフサポート協会がみんなのマーケットプロジェクトに参画した1つの動機として、泉北ニュータウン周辺で生活する障害者の仕事づくりがある。その背景には、放課後等デイサービスなどの学齢期の障害者支援のための社会資源が周辺にある一方で、学校卒業後の支援体制が泉北エリアに未整備だったことがある。

　ライフサポート協会では「福祉施設を特別な場所にしない」ということが活動のテーマに掲げられているが、2012年4月からチェーン展開するラーメン店「べらしおフード」の協力を得て、ラーメン屋の運営を就労継続支援B型事業で展開をしているが、この事業を通して社会福祉と地域との出会い方を変えることの重要性に気づいたという。普段、社会福祉と関わることのない人にとって、ラーメン屋やスーパーマーケットに消費者として訪れ、消費活動をとおして社会福祉に出会うことは地域のなかでの福祉施設の意味を変えることにもつながる。このみんなのマーケットでは、福祉施設の利用者もサービス提供者として地域と関わっていくことになり、福祉施設を「地域の中に当たり前にある場所」として、地域の人たちに知ってもらう絶好の機会となっている。社会福祉法人が地域にとって必要なサービスや活動を本来事業として担うことは、地域にとっての社会福祉法人の存在意義や、地域の人にとっての社会福祉の意味を変革していくことにもつながっていると言える。

4つ目はパートナーシップの構築と、マネジメントの重要性である。図3で示したように、みんなのマーケットには様々な団体が参画している。純粋な売り上げだけでスーパーマーケットの運営を成り立たせることの難しい地域での活動では、多様な主体が役割を分担して運営に関わることが重要になってくる。社会性と事業性の両輪が組織の基礎となる社会的企業の議論の中でも、各セクターが役割を明確にすることの重要性が指摘されている（川村，2015）。みんなのマーケットプロジェクトでは、市場連合会が仕入れを担当し、スーパーマーケットの運営をライフサポート協会が福祉事業として担い、全体の運営方針を泉北ほっとけないネットワークをはじめとする多くの団体の参加によって決定している。パートナーシップの構築のためには地域づくりのプロセスの中にいかに参画することが可能であるかを考えることが重要であるが、それぞれの主体がパートナーシップ関係となる動機を考える必要がある。今回のケースであればライフサポート協会にとっては、地域に障害者の働く場所を作ることができるという点であり、泉北ほっとけないネットワークにとっては、買い物弱者の支援と地域づくりへの貢献であろう。本稿では、パートナーシップ関係になる動機を明らかにすることにとどまり、どのようにそれらが共益関係になるのかを検討することができていない。パートナーシップ関係が生まれる動機に合わせて、そこでどのような利害関係の調整がなされたのかコミュニティワーク的な視座からの展開も重要となるだろう。

　いずれにしても本稿のみんなのマーケットの取り組みから見えてくるのは、法人の立場から地域に対して何ができるのか、活動を考えることに合わせて、地域にとって何が必要なのかを、地域の視点から考えることの重要性である。社会福祉法人に地域貢献や、地域貢献が求められる背景となった一連の流れで、「地域で活動を行うこと」に目が向けられがちになるが、社会福祉の価値を実践し、「地域住民の暮らしと共にあ

るの姿」を創造していく視点を忘れてはいけない。1970年代以降、福祉施設と地域社会との関係は、施設の隔離性や閉鎖性を改善し、利用者の生活の質（QOL）の向上を目指していく施設の社会化・地域化論（秋山, 1978：大橋, 1978：牧里, 1980等）や福祉施設が福祉コミュニティ形成のための主体となるなぎさ論（岡本ら, 2013）などで議論されてきた。文脈や時代背景は異なるがこれらの議論も踏まえながら、地域や社会にとっての社会福祉法人の存在意義を、「地域貢献」や「公益活動」という言葉を通して問いなおすことが求められている。

謝辞

　本稿は、施設見学やインタビューなどを通して得られた情報、データをもとにまとめたものである。とりわけ、本稿を執筆するにあたりお話を聞かせていただき、ご自身の講演資料等をご提供くださった泉北ほっとけないネットワーク西上孔雄氏、社会福祉法人ライフサポート協会原田徹氏、藤田宏氏、多くの関係者の皆様にこの場をお借りしてお礼申し上げたい。

参考文献

秋山智久（1978）「『施設の社会化』とは何か —その概念・歴史・展開段階—」『社会福祉研究』第23巻, 39-44

平野隆之（2012）「制度的福祉の限界と福祉社会開発」穂坂光彦・平野隆之・朴兪美・吉村輝彦編『福祉社会の開発場の形成と支援ワーク』ミネルヴァ書房, 281-29

川村暁雄（2015）「社会的企業の意義と可能性」牧里毎治監修『これからの社会的企業に求められるものは何か　カリスマからパートナーシップへ』ミネルヴァ書房, 2-21

国土交通省（2018）「住宅供給・ニュータウン」
http://www.mlit.go.jp/totikensangyo/totikensangyo_tk2_000065.html（最

終アクセス 2019年1月5日）

呉世雄（2018）「社会福祉法人施設の地域貢献活動の実施状況に関する研究 ― 地域貢献活動の尺度の因子構造とその特徴を基に―」『日本の地域福祉』第31巻, 29-40

岡本栄一監修, 新崎国広・森本友美・ほか編（2018）『なぎさの福祉コミュニティを拓く―福祉施設の新たな挑戦』大学教育出版

大橋謙策（1978）「施設の社会化と福祉実践：老人福祉施設を中心に」『社会福祉学』第19巻, 49-59

牧里毎治（1980）「福祉施設の地域化について」『社会問題研究』第29巻4号, 109-134

村田文世（2014）「社会福祉法人－社会福祉法人改革の可能性」岩崎晋也・岩間伸之・原田正樹編『社会福祉研究のフロンティア』有斐閣

Perry, C. A. (1929) The Neighborhood Unit, Committee of Regional Plan of New York and its Environs.（＝1975倉田和四生訳『近隣住区論』鹿島出版会）

堺市（2014）「公募提案型協働推進事業」
http://www.city.sakai.lg.jp/kurashi/chiiki/shimin/koubo_teian/index.html（最終アクセス2019年1月5日）

堺市（2015）「泉北ニュータウン近隣センター再生プラン」
http://www.city.sakai.lg.jp/shisei/toshi/senbokusaisei/saisei/index.html（最終アクセス2019年1月5日）

髙橋愛典・浜崎章洋・久保章・田中康仁（2018）「大都市圏郊外における買い物弱者問題の一断面 ―泉北ニュータウン赤坂台住区での実態調査から―」『商経学叢』第64巻第3号, 109-133

全国社会福祉法人経営者協議会（2016）『社会福祉法人の地域福祉戦略』生活福祉機構

社会福祉法人佛子園　三草二木西圓寺の取り組み

立正大学　川本　健太郎

1．地域福祉拠点としての社会福祉法人佛子園の取り組み

　佛子園の法人本部は、石川県白山市（人口 112,987人　世帯数 42,390）に所在している。CCRCでも脚光を集めるシェア金沢や能登半島の過疎高齢地域に地ビール工場とレストランの運営、美川駅舎の指定管理を通して、地元商店街の商品を提供する購買店とカフェを併設させるなど、新たな収益事業や産業シーズを生み出しながら、障害者の仕事と暮らしの場を一体的に捉えた13ほどの拠点を県内各所に広げている。

　本稿では、こうした事業展開の起点となった、三草二木西圓寺（以下、西圓寺）を事例として取り上げる。筆者が、2015年4月から2018年10月時点までに実施した参与観察、施設長、理事長へのヒアリングを通して得た知見をもとに整理を行っている。

2．山草二木　西圓寺の活動概要

　西圓寺は、石川県小松市野田町（人口 108,823人　世帯数 41,052）に所在する。佛子園が取り組む70に及ぶ事業のうちの一つである。住職が逝去され、後継者もなく、廃寺となった野田町の西圓寺を社会福祉法人佛子園が複合型地域福祉拠点としてリノベーションした。主な事業は、障害者の生活介護、就労継続支援事業B型、高齢者デイサービスといった社会福祉事業と温泉施設、飲食業、食品の加工販売などの経済活動、コンサートや祭事などの文化事業など幅広い活動が実施されている。

　障害者の地域移行を進めていくにあたり、地域の課題を社会福祉法人、

社会福祉法人佛子園　三草二木西圓寺の取り組み

また、サービス利用者が担い手となって解消し、同時に、地域住民が主体的に参加できるプログラムの開発や地域資源のネットワーク化が促進され、住民の自治力が強化されていく地域福祉拠点事業である。福祉コミュニティの形成プロセスにおいて、地域コミュニティが活性化されていくところに特徴がある。

3．西圓寺の事業化背景

　佛子園は、行善寺（宗教法人が運営している寺）で戦争孤児たちを預かる慈善事業から始まり、その後、障害者福祉事業に貢献してきた歴史のある社会福祉法人である。この長い歩みの中で、積極的に「障害者の地域移行」に取り組み、制度ができる以前より、身近な地域にグループホームを開設していった。こうした経過の中で、ある地域の自治会から、「佛子園の取り組みは良いが、家の近所にグループホームが作られては困る」との声が寄せられた。いわゆるNIMBYである。NIMBYとは、総論としては賛成であるが、自身の裏庭（日常に直接的に関わること）には望まない、という態度を示すことであり、地域エゴとも言われる。こうした感情は、時に施設コンフリクトに発展する場合がある。福祉領域における施設コンフリクトとは、近隣住民による施設建設に対する反対運動であり、依然、全国各地で起きている社会課題である。佛子園の場合、表だった運動に発展しなかったが、一般的には、障害者は罪を犯す「治安の悪化」、入所施設ともなれば汚物が出る「衛生上の問題」、これらが重なりあい地価が下がる「経済的損害」などの理由を挙げて反対の意向が示される。これらは、事実や法的な根拠を伴わない場合が多い。こうした局面に対処する方法は、法のもとに争議を立てること、もしくは、差別や偏見だとして当事者運動（デモ）を行い、地域や行政を糾弾することも場合によっては取るべき方法として考えられる。

153

こうした地域の声があることを知り、佛子園の理事長は「どれだけ地域の中で質の高い福祉サービスを実践しても所詮「障害者福祉」の域をでるものではないとの教訓を得た」という。その上で、障害者が当たり前に地域に暮らしていくことを進めていくには何が必要かを考えた。その結果、「地域移行」を進めていくためには、地域社会そのものを変えていく必要性があると考えた。地域は多様性に富んでいる。障害者だけの暮らしの場ではない。そのために、障害者と高齢者、子どもを含め、老若男女すべての人々にとって住み良いまちをつくることが必要であるとの考えに至った。NIMBY問題を経験したのち、小松市野田町の自治会長から、間接的にではあるが、佛子園に廃寺となった西圓寺の跡地問題についての相談が入った。もともと、西圓寺は、1400年代に建立された野田町にとって唯一のお寺であり全世帯が檀家であった。お寺は、宗教的役割のみならず、祭事、寺小屋、そして、古くは、住民の基本台帳などを管理する、いわば自治体の役割まで担ってきた地域の文化教育と自治の中心的な拠点であった。そのため、廃寺となった平成17年以降も、町のシンボルを自治会として、とり壊すことが正しいのか否かについて、意見は逡巡していた。そのなかに、佛子園の理事長らも交わり野田町の住民と協議を重ねていった。すでに檀家は離れており、後継者となる住職を探すことは難しい。いっそのこと、取り壊し駐車場にするのはどうか、などの意見もあった。ただ、お寺と縁が深い高齢者たちが反対した。こうした議論は、1年以上に及んだ。最終的には、以前のように世代を問わず人が集う場としてお寺を再興していきたいということで、合意が図られた。

4．西圓寺プロジェクトを進める上での理念

　人が集う機能とはなにか、地域住民はさらに協議を重ねっていった。

この町には、飲食店や娯楽もない。だから、カフェや温泉があれば住民は集うのではないか、という案が出た。佛子園の理事長らはその一つ一つの声に耳を傾けた。そして、これらを地域ニーズとして捉え、温泉をメインとした複合施設の事業化に着手していくこととなった。また、実現していくためには、財源が必要であり、日本財団や自治体の補助金、助成金、また、銀行からの借り入れによって、一から温泉の掘削やお寺のリフォーム代金を捻出していった。ただし、佛子園の取り組みは、「地域にとって都合の良い」ことを担う存在ではない。目的は、障害があってもなくても、誰もが暮らせるまちの実現である。西圓寺は、佛子園にとってのモデル事業であり、「地域を変える」ために必要なプログラムを開発推進していくという戦略的な取り組みである。そこで、条件としては、「地域住民が主体的に運営にかかわること」、「地域の障害者、そして、高齢者を受け入れること」を佛子園が関わる条件として自治会に提示したのである。温泉ができ、もともと本堂であったところで先述した社会福祉事業、カフェを開始した。今では、駄菓子屋までがオープンしており、地元の高齢者と障害者の共同作業（ワークシェア）によってつくられたお味噌や梅干しも販売されている。

5．理念をデザインする

　温泉は、野田町民一人一人の入湯札があり、いつでも無料で利用ができる。また、デイを利用する高齢者も障害者も同じお風呂を利用し、清掃管理は障害者が担っている。開設当初、野田町民から、「障害者も同じ浴槽を利用するのであれば、入り口に明記しておくように」との声が寄せられることもあった。しかし、スタッフは、丁寧に説明を続け、応じることはなかった。その結果、今では、みんな当たり前のように裸の付き合いをするようになっている。

これまで、障害者と専門職の関係で成立していた施設福祉から、世代を問わず野田町の住民もケアの現場に訪れるようになる。お風呂を利用する野田町民は、ほぼ全世帯に及び、その多くが日常的に利用をしている。そして、温泉の清掃、文化交流事業のお手伝いなど、何も言わず、日々の運営に地域住民が携わるようになっていった。つまり、毎日の生活の一部に西園寺が位置づいている。そのなかで、専門職が利用者にどのように接しているのかを観察することになる。そして、次第に、利用者と地域住民が挨拶やコミュニケーションをとるようになっていく。

　こうした、福祉拠点の地域化が進められることは、日常的にさまざまな情報も集積され、変化に「気づく力」もそれぞれに芽生えていく。ここを利用できない野田町に暮らす独居高齢者のこと、また、いつも、同じ時間お風呂に来ていた住民Aさんが2、3日きていないだけで、他の住民や専門職が訪問することもある。何か、意図して見守り支援チームを作っているわけでもない。それぞれがそれぞれの変化に気づき、気遣う関係が生まれている。

　佛子園では、専門職はリーダーではなく、当事者である利用者、住民の主体的な参加を支える「黒子」であると表現している。

6．考察

(1) ソーシャルアクション

　NIMBYを経験したことは、法人運営の大きな転換期となった。障害者の地域移行は、言うなれば、ソーシャルインクルージョンを実現していく取り組みである。そのため、差別や偏見をもつ地域社会を対立的に位置づけ、法的正当性に基づき、戦う方法をとらなかった。また、障害者を健常者のように同化させていくのではなくありのままを受け入れることができる、多様性を認めあえる地域づくりを目指した。当事者を中

社会福祉法人佛子園　三草二木西圓寺の取り組み

心に置きながら、対話と協議、そして、住民主体の原則にたった地道な地域づくり実践であり、いわば、コミュニティエンパワメントの考えに共通する実践であるといえよう。

(2) 「あきない」をすることの意味

　西圓寺の取り組みは、ケアだけを提供しているわけではない。当事者も地域住民もそれぞれの立場でできることを活かしあっている。高齢者のワークシェアは最たる例であるが、人生で培った知恵を生かした加工品を作り、店頭販売やカフェ、または、ネット通販で販売している。その売り上げは、素材を提供した農家、働いた高齢者や障害者の賃金、そして、西園寺の売り上げになる。最近では、近くにある酒蔵とコラボレーションした化粧水まで商品化している。こうした経済活動が単に収益や所得のため、というだけではない。魅力のあるカフェや商品は、これまで、福祉と関わることのなかった住民にとっては「購入」するという敷居の低い参加の形にもなる。新たな関わりを広げていくことが生まれる効果をもたらす。

(3) 内発性を高める方法

　西圓寺の取り組みは、福祉ニーズ、地域ニーズに基づいたプログラム開発であり、専門職は黒子としてサポートするのが役割である。その点を踏まえ、介護保険制度や障害者総合支援制度の枠組みに縛られない自由な発想で新たな実践が生み出されている。こうしたイノベーションが起きる背景には、「権限の分散化」によるボトムアップのプログラム開発が進められているからであろう。佛子園では、西圓寺の施設長に運営の責任を分散している。法人での全体会議で報告することや本部と相談しながら進めていくこともあるが、現場の判断で必要だと思うことには、自由に取り組むことができる。むしろ、利用者や地域住民に直接向き合

う現場が、自由に取り組めるように、法人全体の会議が位置づけられている。

社会福祉法人改革のあと社会福祉法人はどこへ向かうか
―― P.ドラッカーの「非営利組織の経営」論からの示唆 ――

九州大学　安立　清史

1．社会福祉法人改革と社会福祉法人

　何年にもわたって論議されてきた社会福祉法人改革も、2016年3月31日に成立した社会福祉法等の一部を改正する法律により、社会福祉法人の「経営組織のガバナンスの強化」、「事業運営の透明性の向上」、「財務規律の強化」、「地域における公益的な取組」などの点から社会福祉法人制度の見直しがおこなわれた。この背景には、介護保険制度が発足したあと、社会福祉法人だけでなく営利・非営利など様々な法人が事業者となったにもかかわらず、社会福祉法人の経営実態があまり公開されず、経営組織のガバナンスや財務規律が十分に確立されてこなかった等の批判があると言われている。

　関川芳孝によれば「社会福祉法人には、社会福祉法人の本来の使命にもとづき、公益性の高い福祉経営をめざすことが期待される。公益性の高い法人であることを意識し、質の高いサービス提供と効率的な経営により事業収益を拡大しつつ、それを職員の賃金上昇や社会福祉事業への再投資、地域公益活動への還元等につなげる。さらには、経営状況を情報公開し国民に対し説明責任を果たし、社会的な信頼を高め、社会福祉法人の存在価値を高めることが求められる。非課税にふさわしい公益性の高い経営が担保されるために、福祉経営の規律をいかに再構築するかが問われている」。

　このように社会福祉法人改革は進められたのだろうが、現状、社会福祉法人はどうなっているのだろうか。

2．デルファイ法による介護現場の意識

　このような社会福祉法人の課題を考えるうえで現場の生の意見をすくいあげたデータがある[1]。2015年にF県老人福祉施設協議会とわれわれとの共同によって実施された「特養のあり方に関する未来予測調査」のデータである[2]。おりしも社会福祉法人改革が最終盤を迎えていた時期に行われたこの調査は、介護保険が改正されるたびに、現場が対応に向けて混乱させられる状況の中で、できるだけ本音に近いレベルで、社会福祉法人の施設長など現場の責任者が、社会福祉法人や介護保険の未来について、どう考えているかをとらえるため実施したものである。方法としては、専門家調査の方法であるデルファイ法を用いて、社会福祉法人や介護保険の将来をどのように予測しているかを一般的な視点から問いかけ、その結果を集計して回答者へフィードバックした。その結果をみてもらったうえで、第2回のより踏み込んだアンケート調査を、同じ施設長へむけて実施したものである。デルファイ法の利点は、個人の意見を表明しにくいことが、専門家集団の将来予測というかたちで、にじみ出てくることである。施設長としての個人の意見が表明しにくい問題（介護保険制度についての是非など）についても、個別の施設運営者という立場をはなれた専門家の一般論として、かえって個人の本音レベルでの意見を抽出することが可能だと考えられる。つまり、一般論ゆえにかえって個人的な見解が表出されると考えられる。この2回のデルファイ法アンケート調査によって、ふだんであったらアンケート調査慣れして表面的な建前のみを答えていた施設長らの、より本音レベルでの意識

---

[1] この調査は、2014〜2016年度・科学研究費補助金「介護保険改正へのNPO・社福法人等の対応と再編成モデルの形成に関する社会学的研究」（研究代表者：安立清史）の研究成果の一部である。
[2] 安立清史の以下の論文を参照（安立 2016, 2017）

や意見を明らかにすることができたと考えられる。

3．介護現場の問題の3類型

　施設長へのデルファイ法調査からも確認されたことだが、現在、介護現場で大きな課題は3つあると言われている。第1は介護人材の不足であり、第2は社会福祉法の改正や介護報酬の改定に対応した非営利法人の「経営」をどうするか、第3は社会福祉法の改正にともなう「公益性」の確保や「社会貢献」をどう進めるか、である。

　これらは、じつは、密接に関連している。なぜなら介護保険以後は、制度改正や介護報酬の改定がなされるたびに、事業者は「経営困難」に直面する。2003年、2006年と介護報酬のマイナス改正が実施された。これにともない介護保険事業者は、もっとも大きな固定費である人件費を削る「経営」を迫られ、その結果として、介護人材の離職・転職の問題が大きくクロースアップされることになった。たとえば、全労働者の離職率が平均16.2％（2006年度）であるのに対し、介護職員の正社員では20.4％、非正社員では32.7％の高率とされている（介護労働安定センター調査による）。その後、2009年から「介護職員処遇改善交付金」などが実施されたが、いまだに介護現場では、人材確保の困難が続いている。

　われわれの実施した調査でも、介護人材の確保は、現場がもっとも頭をいためる大きな課題であることが明らかになっている。しかし現状では解決の道が見えず困惑している現場の姿もうかがえる。意見は大きく3分類できる。第1は「不満とお願い型」ともいうべき類型である。介護報酬下げへの不満と批判、政府の介護保険政策への批判とともに、現状の介護人材の確保の困難さについては、到底、自力では解決できない状況であるとして、政府に対して不満を述べた上で、お願いしたいという声となる。第2は「アノミー・無力感型」ともいうべき類型である。

現状にたいする、無力感、無意味感、あきらめと諦念が中心である。第3は「経営努力型」ともいうべき類型である。民間企業は様々な経営努力をしている、社会福祉法人もこの介護保険の中で経営努力をするべきだという意見がその中心となっている。

　背景にあるのは、若い新卒採用の困難さと、中高年への募集シフト、さらに外国人労働力への期待である。しかしながら、この人材の量的な確保の流れに沿っていくと、ますます若手の介護労働力や質の良い介護福祉士の確保は遠のくという悪循環に陥ることになる、とも考えられている。人材の量的な確保と、質的な担保とが両立しがたくなっていくことが予測されているのだ。

　しかし、質的な向上をめざして「介護のやりがい」を訴求しようとしたこともあったが、この方向もうまくいかなかったと総括されている。介護人材の「処遇の改善」も、介護段位制度や、より高次の国家資格制度など、問題提起されてはいるが、どれも手探り状態ですぐには進展が望めない状況である。

4．施設長の意識の4類型 ── 「不平・不満・批判型」、「アノミー・無力感型」、「経営努力型」、「社会貢献・地域貢献で対応型」

　われわれのデルファイ法調査から導きだされた施設長の意識は大きく4つに類型化される。

　第1は「不平・不満・批判型」、第2は「アノミー・無力感型」、第3は「経営努力型」、第4は「社会貢献・地域貢献で対応型」である。

　かんたんに説明しておこう。第1の「不平・不満・批判型」は、文字通り現状の介護保険制度への不平・不満・批判である。改定のたびに介護報酬がくるくる変わる、しかもぎりぎりの経営努力でもうまくいかな

いほどまで締め付けられる、このような制度はどこか根本的に破綻してしまうのではないか、どこか間違っているのではないか、という批判をもった意識類型である。第2は「アノミー・無力感型」は、措置制度のもとで、公の支配に服してきた社会福祉法人は、介護保険になると経営の自由があるかに思えたが、やがて制度改正のたびにそのような幻想は打ち破られた。やはり無力なのか、やはり政府や行政の言うとおりにしなければ存続できないのかという無力感と、ではあれほど言われた「介護の社会化」や「措置から契約へ」などはいったい何だったのかという無規範感・無意味感とがただよう意識類型である。第3の「経営努力型」は、とくに都市部の施設の若手の施設長などに多くみられる意識であり、介護保険によって社会福祉法人や施設には大きなニーズの波が来ている。これからは経営努力によって大きく法人も変わっていく可能性がある。まさに施設は経営努力をしていくべき時代なのだ、という経営者の意識が現れてきている意識類型である。第4は「社会貢献・地域貢献で対応型」である。介護保険には制度発足後、多様な法人が参入してきたこともあり、社会福祉法人のみが特別に優遇されているのではないかとのイコールフッティング論からの批判や社会福祉法人の内部留保の高さの問題がクロースアップされ、社会的な批判にさらされてきたこともあり、このままではいけないという危機意識があった。その中で、社会福祉法人の存在意義を改めて示すには社会貢献や地域貢献を、従来以上に可視化しながら対応していかなくてはいけないという意識をもった類型である。F県老施協でも、先行する大阪府老人福祉施設協議会の先進的な事例などをはやくから学びながら、「社会貢献・地域貢献」への取り組みを開始していた。しかしながら老施協の内部でも様々な意見があり、すべての施設や法人がこの意識をもっているわけではなかった。

163

5．解けない連立方程式──社会福祉法人の「経営」と「運営」

　社会福祉法の改正や社会福祉法人改革は国主導で進められたが、社会福祉法人にとって「経営」とは何なのか、あらためて問いなおしてみよう。政府の社会保障審議会社会福祉部会による「社会福祉法人制度改革について」と題した報告書の中では、しきりと社会福祉法人の「経営」の重要性が強調された（「経営組織のあり方」、「経営組織のガバナンス」、「経営管理体制の強化」、「経営力向上の方策」、「多様な経営主体によるサービスの提供」など）。これは介護保険財政が厳しい中、「適正かつ公正な支出管理」を行い、内部留保となっていた余剰資金を福祉サービスへの再投下を求める論調だった。しかし他方では、同じ報告書の中に「運営」という言葉も頻出する（「運営の透明性の確保」、「業務運営、財務運営のあり方」、「運営を社会的監視の下に置くことが必要」、「社会福祉法人の高い公益性に照らし、公益財団法人以上の運営の透明性を確保すること」「所轄庁による指導・監督の強化」など）。しかし求められている「経営」と「運営」は何なのか、福祉と経営は「矛盾・対立」する概念であると認識する措置時代からの施設長にとっては、これは解けない連立方程式だ。ところが介護保険のもとでは、この両立が法人に求められている。こうした矛盾を現場はどうとらえているのであろうか。

　時代の流れの中で施設長もとまどいながら「企業努力」「経営努力」が必要だとする自由回答が目立った。しかしながら、社会福祉法人に求められる「経営」とはいったい何なのか。この問いは、考えて解こうとしても、分からなくなる構造をしているのではないか。たとえば「経営のために企業努力をすれば、もっとも大きな固定経費である人件費を減らすことになる。しかしそうすると、人材を確保できず事業自体が成りたたなくなる」というようなパラドクスである。では「人件費を上げることによって人材確保を行う」という逆の企業努力はありうるだろう

か。これが今問われていることなのである。

　しかし現在の問題はここから先なのだろう。たとえば社会福祉法人改革にあたっている政府の委員会などでは「本当にそうなのか、民間の事業者にくらべて税制の優遇のある社会福祉法人が、なぜ適切に経営し、人件費をあげることができないのか」、「ほんとうに社会福祉法人の経営は成りたたなくなるのか」という疑問がうずまいている。その一例が「内部留保」の問題である。一方には、社会福祉法人の運営を安定的に確保するためには内部留保が必要だとする意見がある。他方では、社会福祉法人に内部留保が必要な理由はない、との意見もある。これは解けない連立方程式のような領域である。実証研究や理論研究としても、人件費はどこまであげられるのか、どこまで上げると経営破綻するのか、研究蓄積はない。

6．ピーター・ドラッカーの「非営利組織の経営」論とは何か

　従来の社会福祉法人にとって介護保険のもとで「経営」すればするほど「社会福祉」から遠ざかり「収益事業と営利法人」に近づいてしまうように見える。「経営」することは「社会福祉法人」という存在の自己否定になりかねない。そこで「経営努力」はするが「経営」はできない、ということになる。

　ところが経営学の泰斗ピーター・ドラッカーは「非営利組織の経営」は可能だとする。彼の著作では「経営」の目標は「収益の最大化」ではなく「ミッション（使命）の最大限の実現」である。そのために行う合理的な努力のことが経営だ。しかし、ここからが難問だ。「ミッション」という概念を用いて「収益」と同じように「ミッション」の最大化を「経営」によって導けるのだろうか。

　ひとつの補助線と仮説を導入してみよう。それはM・ヴェーバーの

165

『プロテスタンティズムの倫理と資本主義の精神』を参照することだ。そして「プロテスタントのエートス」という補助線を引いてみるのである。するとドラッカーの言う「非営利」と「営利」とはほとんど同一なものへと収斂していくのである。非営利が営利に収斂していくのではない、営利が非営利に収斂していくのだ。どういうことか。

　M・ヴェーバーの論じる近代資本主義は、世俗的な営利のグローバルな展開ではない。まったく逆である。つまりプロテスタンティズムの宗教倫理が世俗世界を制覇して、日常的な営利行為すらも「天職」概念を通じて、宗教的な行為に近づいていくということである。この説にはいまだに賛否両論があるが、ドラッカーの経営論は、確実にこのM・ヴェーバーの理論をふまえている。そうでなければ「非営利組織の経営」という概念は成り立たない。

　一例として20世紀最大の富裕者ロックフェラー1世の事例を考えると分かりやすい。ロックフェラー1世は、スタンダード石油の創始者・経営者として米国の石油業界で独占的な地位を占めて巨万の富を築いた。そのやり方は競争相手を非情に叩き潰し独占体制をつくり、労働組合も抑圧して、多くの恨みをかったという。しかしピュウリタンとして信仰あつく、その生活は清貧であったらしい。まさに私利私欲ではなく事業そのものを「天職」のように、あたかも宗教的な実践であるかのように生きたのであろう。もちろんロックフェラー1世の人間としての評価は毀誉褒貶、分裂する。次世代のロックフェラー2世からは、資本家としてではなく「フィランソロピスト」として様々な社会事業や社会貢献を行うことで有名になった。この一族の事例は、営利と非営利がともにピュウリタン的な宗教実践として表裏一体でありうることを示唆する。

　さて、ドラッカー理論においては、なぜ、営利の経営も、非営利の経営も、同じ経営学の方法で実現可能（のように見える）なのか。ドラッカーの中では、営利も世俗的な利益追求だけの営利ではなく、非営利

とそのプロテスタンティズム的な精神を共有しているからである。それは「ミッション」概念において融合する。「収益」は一次元的な尺度に載せることが出来るが、「公益」や「ミッション」を尺度化することは至難の業だ。「収益」を指標とする「経営」は分かりやすいが、「公益」をはかる尺度は単一ではないため「マネジメント」することが難しい。ある視点からは公益と見えることが、別の視点では公益ではない、ということになりかねない。これが日本からみたドラッカーの「非営利組織の経営」の理解困難な矛盾のポイントだ。

しかし「宗教的な情熱に裏づけられたミッション意識」「天職概念を媒介にした世俗の職業への宗教的な情熱」こそは、米国の非営利組織と「経営」とを結びつけるポイントである。日本から見ると矛盾するこの二つのファクターの結合こそ、ドラッカーの「非営利組織の経営」を理解する急所なのである。

日本における「非営利組織の経営」は、このような宗教的なミッション意識と、どう交わることができるだろうか。日本の非営利セクターで活動している人たちの中に、宗教的なミッション意識がないとは言えない。そうしたものを持って活動している人たちも相当数いるはずだ。しかし、日本の非営利セクターの日常の活動の中にこうした側面を持ち出すことは少ない。いわば日本的な文脈で「非営利組織の経営」とは、より効率的で合理的な非営利の「経営」をめざす、という方向になりがちだ。それは非営利と行政の「協働」に向かう場合もあれば、営利法人に近づいていく場合もあろう。しかし宗教的なミッション意識を高めて「非営利組織の経営」へ向かう、という方向へは向かわないように思われる。

こうした考察はむろん「非営利組織に経営は必要ない」という結論を導くものではない。「経営努力」は必要だ。しかし一般に流布している「経営」概念は、ドラッカーのそれとは異なり、「営利企業の経営モデル」をもとにしている。組織のメンバーがみな明確な同一の指標（収益）を

167

めざして合理的に組織活動を行うときに、組織のパフォーマンスが最大化することが「経営」概念のめざすところなのである。非営利法人の場合には、公益と収益とを分離・区別できるのかどうか、つまり公益の最大化をめざして（収益のことを第二義にして）合理的に組織活動を行うことが出来るのかどうかが問題だ。ここにしばしば亀裂が入る。したがって「公益」を理由にした「経営」が実際上は「収益」の最大化をめざした「経営」に転化することが起こってしまうのではないか。

　つまり社会福祉法人を「経営」すればするほど、社会福祉法人であることから逸脱していくことになりかねない。

　社会福祉という「公益」の増大をはかろうとする「経営努力」と、社会福祉法人の「収益」の最大化にむけた「経営努力」とを区別することが必要だ。しかしそれはかんたんではない。これまでの社会福祉学の研究では、「経営（management）」ではなく「運営管理（administration）」という概念が用いられてきた。社会福祉の「経営」は三浦文夫によって唱えられはじめた概念だが、介護保険のはるか以前に唱えられた概念であり、営利法人のマネジメントと同じものとは考えられていなかった。今日、「経営」と言われていることの大部分は、「社会福祉の運営管理」という概念で考察されていたのだ。しかし、介護保険導入後には、NPO法人も社会福祉法人も営利法人も、同じ「介護保険事業者」という範疇に入る。そこで当然のように「介護・保育事業等における経営管理の強化とイコールフッティングの確立」（「規制改革実施計画」閣議決定）が求められることになる。また「公益法人等については…軽減税率とみなし寄附金制度がともに適用されることが過剰な支援になっていないか」（平成27年度税制改正大綱）や「収益事業の範疇であっても、特定の事業者が行う場合に非課税とされている事業で、民間と競合しているもの（例えば社会福祉法人が実施する介護事業）へはその見直しが必要」（政府税制調査会とりまとめ意見）といった厳しい観点からの意見

が大勢を占めることになる。「税制」から見れば営利企業も社会福祉法人も同じ事業者という立場にたつことになる。「非営利組織のマネジメント」ではなく「収益事業のマネジメント」にならざるを得なくなる。それでは「経営」すればするほど、営利法人に似た方向へと旋回していくことになる。ゆえに「経営すればするほど、自己否定に向かう」パラドクスに陥るのではないか。

7．社会福祉法人をめぐる状況

　このように介護保険を行う社会福祉法人をとりまく環境はきびしさをましている。われわれのアンケート調査から浮かび上がる介護現場からの自由回答には、社会福祉法人の明るい「未来」はほとんど現れてこなかった。むしろ閉塞感やアノミーといった「不安な将来」が現れている。社会福祉法人をめぐるダブル・バインド状況は、まさにアノミーを生み出す構造をしている。介護保険の嵐の海に放り出されて「経営」を求められる社会福祉法人は、営利法人との競合にさらされ、法人としての「経営」の必要性にさらされるが、他面では社会福祉法人改革に見られるように「社会福祉法人らしくあれ」という逆の価値規範も押しつけられる。こうした状態のなかで社会福祉法人がその方向感覚を失うのは、ある意味、当然なのである。何かをしなくてはならないのだが、何をして良いのか分からなくなる。現在の社会福祉法人が求められている矛盾状況は、まさに「経営しろ、競争しろ、しかし非営利であれ」というダブル・バインド状況である。それはアノミーを生み出す。そこから無秩序感・無規範感・無意味感・無力感に襲われる施設長や経営者が出てきてもおかしくはない。

　こうなる理由は、ドラッカーの「非営利組織の経営」論を読解することから得られる。すなわち「米国では非営利組織にミッションが明確に

あるが、日本の非営利組織では必ずしもそれが明確にあるとは言えない」ということだ。

8.「社会福祉法人」の矛盾の解凍

　われわれの調査をふり返りながら、いくつかの考察を加えておきたい。

　第1に、社会福祉法人だけでなく、社会福祉や介護保険そのものが、現在、岐路に立っている。戦後の社会福祉の原点は、GHQによる占領下で、まったく新しい理念としての「社会福祉」が日本社会に導入されたことだ。GHQが1946年にSCAPIN-775で「社会救済に関する覚書」を指令し、公的扶助4原則（無差別平等、公私分離、救済の国家責任、必要な救済を充足）を示した。この「国家責任」と「公私分離」という二重の要件を満たすために、のちに社会福祉法人制度が設立され、社会福祉事業を行うようになったという点を考えると、65年という年月をへて、この当時からの様々な問題点が現在に至って「解凍」されはじめたのだと考えることができよう[3]。「国家であって国家でない、民間であって民間でない」どちらでもない存在が社会福祉の担い手となってきたことの問題や矛盾が、介護保険によって解凍されて、溶け出してきていると考えることができるからだ。この問題は、すぐには解けないし、単純化して解いてはいけない課題でもあると思われる。社会福祉法人の直面する悩みは、日本の社会福祉が直面する悩みそのものだからだ。

　だとしたら、介護保険制度の導入は、日本の社会福祉に大きな変革をもたらし、同時に、社会福祉法人にも、長年の矛盾を「解決」するチャンスだったのではないか。でも、そうならなかった。なぜか。

---

[3]　この「解凍」という概念は、見田宗介の近著『現代社会はどこに向かうか』で論じられている「近代の矛盾の解凍」に想を得ている。

9．介護保険 ── 「成功」なのに「失敗」？

　介護保険制度は、非営利のミッションを高める方向にではなく、むしろ、非営利セクターが担ってきた社会福祉におけるミッションを、揮発・蒸発させる方向に作用したのではないだろうか。これは「意図せざる結果」だったかもしれないが、社会福祉法人のみならず、ボランティア団体から展開したNPO法人や、生協・農協など様々な非営利法人にとっても、不幸なことであった。

　介護保険制度は、当初の理念にもとづけば、「介護の社会化」つまり個人や家族のみならず社会全体で介護問題を解決していこうとする「社会福祉」の精神を「介護」の領域に及ぼすはずだった。この理念にもとづけば、介護保険が浸透し利用者が増えていくことは、制度の成功ではあっても失敗ではないはずだ。介護保険が介護問題で苦しむ「社会」を救済していることの証左だからだ。ところが現在の介護保険制度の設計では、利用が増えるほどに「失敗」とされる構造になっている。これは考えてみれば不思議である。社会福祉の理念からすれば「成功」のはずが、国家や自治体の「財政」の観点からすると「失敗」だと正反対に意味づけられるからである。いつのまにか論点の転換が起こっているのだ。制度の発足時には社会的な「ミッション」が語られる。しかし動き出すと今度は「制度の持続可能性」こそが主要な論点になってくるのである。

　このように、ある時点から「介護保険は成功するほど失敗する」。そういう自己否定的なパラドクス構造に陥るのだ。社会福祉の見方と国家自治体財政の見方とが真逆になるので、「成功なのに失敗」という矛盾になってしまうのだ。制度の発足時には社会福祉の論理と理念で推進し、制度が動き始めると財政の論理で抑制していく。為政者からするとうまく操縦しているように見えるが、介護現場にとっては、まさにダブル・

バインド、解のない状況である。このままでは、介護保険制度は自壊していくことになるのではないか。「社会福祉」から「社会保険」へ、やがてこの先は財政難が理由となって、市場原理にもとづいた「保険」として「経営」していくしかなくなるのではないか。

10. 社会福祉法人改革のあと社会福祉法人はどこへ向かうか

　介護保険制度や社会福祉法人改革によって社会福祉法人が戦後の社会福祉改革の中で抱えてきた矛盾が「解凍」されてきた経緯をみてきた。これから社会福祉法人はどこに向かうか。社会福祉法人や非営利法人をめぐっては「公益」性と「非営利」性が問われている。しかし「公益」が「税をできるだけ投入しないこと」に、「非営利」が「できるだけ収益をあげないこと」に縮小解釈される時代になってくるとバランスも危うくなる。国民の負担をできるだけ高めないことが「公益」だという時代にあっては、社会福祉の居場所はきわめて狭小になるだろう。この論理のもとでは社会福祉は、究極的には「小さければ小さいほどよい」ということになるのではないか。グローバル資本主義のもとで、すべてが市場経済に呑み込まれていく時代にあって、社会福祉を担うのは誰なのか見えなくなる。

　しかし、こういう時代だからこそ、社会福祉法人や非営利法人の役割、さらには社会福祉や介護保険の意味の再構築が必要なのだと考えられる。社会福祉法人が社会福祉の推進のための組織であるとすれば、社会福祉法人のめざす「社会福祉」、つまり「ミッション」そのものを、もういちど深めながら再定義する必要に迫られるはずだ。GHQの占領下で上から押しつけられた公益や社会福祉ではなく、社会福祉法人がみずから形成していくミッションとしての「社会福祉」、これこそが、社会福祉法人がこれから進んでいくべき道ではないだろうか。

それは社会福祉法人が「現在の社会福祉法人以上の社会福祉法人」に
なっていくことではないか。それは一時的には困難な道かもしれない
が、究極的には社会福祉法人が社会の中でその役割を回復していく唯一
の道ではないだろうか。

参考文献

Anheier H. K.,（2014）*Nonprofit Organizations: Theory, Management, Policy 2nd Edition*, Routledge

安立清史（2008）『福祉NPOの社会学』東京大学出版会

―――（2016）「非営利組織の「経営」とは何か―介護保険における非営利法人の「経営」をめぐって」『共生社会学』Vol.7，105-122

―――（2017）「レスター・サラモンの「非営利セクター論」再考―「第三者による政府」論の日本への含意―」『共生社会学』Vol.8，87-100

―――（2017）「介護保険のパラドクス――成功なのに失敗？」SYNODOS（2017/04/13公開）

―――（2018）「レスター・サラモンの「非営利セクター論」再考 ―「第三者による政府」論の日本への含意―」『共生社会学』Vol.8，87-100

―――（2018）「「高齢社会」というペシミズム ―日本の人口高齢化に取り憑いた呪文―」『共生社会学』Vol.8，101-112

安立清史・小川全夫・高野和良・黒木邦弘（2016）「特別養護老人ホームの未来を現場はどうみているか―第1回「特養のあり方に関する未来予測調査」の結果から」，『共生社会学』Vol.7，83-95

―――（2016）「特別養護老人ホームの「人材確保」と「「経営」―第2回「特養のあり方に関する未来予測調査」の結果から」，『共生社会学』Vol.7，97-104.

Drucker, P.F.，（1990）*Managing Nonprofit Organization*，（＝2007，上田惇生訳『非営利組織の経営』ダイヤモンド社）

Hall, P.D.，（1987）'A Historical Overview of the Private Nonprofit Sector', 3-26, in Powell（ed.），*The Nonprofit Sector*, Yale University Press.

改定介護保険制度調査委員会編（2008）『介護保険制度の持続・発展を探る ―介護保険改定の影響調査報告書―』，市民福祉団体全国協議会

見田宗介（2018）『現代社会はどこへ向かうか』岩波書店

小竹雅子（2018）『総介護社会』岩波書店

Salamon, L.M., （1995）*Partners in Public Service: Government-Nonprofit Relations in the Modern Welfare State*, Johns Hopkins University Press.（＝2007，江上監訳『NPOと公共サービス―政府と民間のパートナーシップ』ミネルヴァ書房）

日本の非営利セクターはどこに向かうか
── レスター・サラモンの「第三者による政府」論からの示唆 ──

九州大学　安立　清史

1．はじめに

　日本の社会福祉法人は、米国のNPO（Non Profit Organization）とどの程度、基本構造や目指す方向を同じくしているのだろうか。もちろん国や根拠法や法制度環境など、すべて異なるのだから「同じ」という言葉は意味をなさない。それはそうだが、「非営利組織」という「理念型」として考えた場合、向かっていくベクトルや進んでいる方向性は収斂していくのだろうか、それとも異なっていくのだろうか。米国でも「岐路にたつNPO」ということが言われつづけてきた。日本でも近年、公益法人改革につづいて社会福祉法人改革が行われたばかりである。介護保険制度のもとではNPO法人など非営利法人が、営利法人など様々な法人とともに同じサービスを提供しはじめた。こうした「改革」によって日本の非営利組織、とりわけ社会福祉法人などはどこへ向かうのだろうか。

　この問題は、これまでの公益法人改革や社会福祉法人改革の中で十分には論議されてこなかった課題である。社会福祉法人改革は、現在の社会福祉法人に「経営組織のガバナンスの強化」、「事業運営の透明性の向上」、「財務規律の強化」、「地域における公益的な取組」などを求めるものであった。もちろんそれは重要なことだ。しかしそれは政府や経済の側から、つまり外側から社会福祉法人に求められている改革である。社会福祉法人の内側から見た場合、どうなるのだろうか。社会福祉法人は、これからどこへ向かおうとしているのだろうか。

この課題を考えるにあたって、米国の非営利セクター研究、とくにレスターM. サラモンの理論が参考になる。彼の提起する政府と非営利セクターとの協働による「第三者による政府」という理論モデルは、介護保険以後の日本のNPO法人や社会福祉法人に大きな課題と示唆を与えるものだと思われる。

２．レスターM.サラモンの非営利セクター論

　米国におけるNPO研究の第一人者レスターM. サラモンには多くの著作があるが、その中でもっとも重要な著作は『NPOと公共サービス』（原著は、*Partners in Public Service, 1995*）ではないだろうか。この著作の中で、サラモンは米国の非営利セクターの全貌を可視化し、それらが民間の寄附で支えられているというよりは、むしろ政府との協働によっていることを示した。その協働のあり方も、彼のネーミングでは「第三者による政府（Third-Party Government）」という独特のあり方で機能しているのである。そして、レーガン以来の「小さな政府」志向は、米国流の福祉国家を破壊する危険性があることを論じた。この論文を解読しながら、日本の社会福祉法人や非営利セクターへの示唆を考えたい[1]。

　そもそも、サラモンらの研究以前に「非営利セクター統計」があったわけではない。内国蔵入庁（IRS）の税務ファイルの中に不可視で分散したデータが存在するだけだった。それを独自の操作的定義によって

---

[1] 私がはじめてレスター・サラモン教授のいるジョンズ・ホプキンス大学政策研究所に３ヶ月間滞在したのは2000年の３月から５月のことであった。サラモン教授と対話したおりに、これが私の主著だからと、*Partners in Public Service*に署名していただいたことを思い出す。サラモンの著作については、その概要の紹介は多いが本格的な批評や論考は少ない。サラモンに先行する研究者であるラルフ・クレーマー（Ralph Kramer）のボランタリー組織論とあわせて理論的に再考する必要があろう。クレーマー（1981）ではVoluntary agenciesという用語を用いているが、これはサラモンの非営利組織や非営利セクター論に先行するものである。

176

「非営利セクター」として全体像を可視化したことがサラモンの第1の業績である。資本主義と市場経済の最先端にある米国で、市民社会や米国的な福祉国家を支えていたのは、じつは「非営利セクター」だった。それを支えてきたのは、よく言われるような民間からの寄附だけでなく、むしろ政府からの資金提供のほうで、非営利組織と政府との間の「パートナーシップ」関係が多様に成立する重層的な仕組みがあったからだという。これがサラモンらの第2の重要な発見だ。多種多様な政策的なツールによって、当事者たちも意識しないうちに、政府と非営利組織との間に「パートナーシップ」関係が成立し、それが機能している姿こそ、米国的な福祉国家なのだという。これを「第三者による政府」と名付けたのがサラモンたちだった。ところがこの米国的な福祉国家は、1980年代のレーガン政権の「小さな政府」政策によって大きな困難に直面する。中でもレーガン政権の減税政策と歳出削減、そして寄附税制の改革で大きな打撃を受けた。イギリスのサッチャー政権や日本の中曽根政権にも影響をおよぼした「小さな政府」改革は、政府の歳出を削減しても、減税と寄附税制の改革によって、民間がフィランソロピーやボランティアとして補うであろうという予測のもとに実行された。この政策が意図とは逆に米国の非営利セクターを苦境に陥れた。それをデータから実証してみせたのもサラモンらの第3の成果である。そして第4には、1990年代以降、冷戦終結によって旧共産圏が崩壊してからの世界では、米国だけでなく全世界的に非営利セクターの役割はますます大きくなることを予見したことだ。国家や政府が直接に主導する公的サービスではなく、また市場が提供するサービスでもなく、ボランティアが自発的に提供するサービスでもなく、政府と非営利セクターとの協働による公共サービスづくりが重要になる。このサラモンらの主張は、阪神淡路大震災後の日本のボランティア活動への支援や特定非営利活動促進法（NPO法）の成立などにも大きな影響を及ぼした。

3．福祉国家の危機と非営利セクター

　サラモンの議論の中心は非営利「セクター」にある。「非営利」とは
何かという本質論でも、非営利組織の個別のメカニズムの解明でもな
い。それらは多様すぎて答えを出しようがない。個々には不可視なもの
を、大きく「非営利」という新たな枠組みで見るとその中には共通性が
あり、知られていなかった事実があり、そこにひとつの可能性がある。
そういう社会的な潜在勢力としての「非営利セクター」があることを可
視化する試みだったのである。

　ではなぜこのような必要が生じたのか。カーター政権で予算編成局に
いたサラモンは、連邦予算の中に占める「非営利」組織関連の大きさ
や、その重要性に気づいていたようだ。ところがカーター政権のあとに
来たレーガン政権は、「小さな政府」へと大きく舵を切り、連邦政府の
社会サービス関連予算を削減した。レーガン政権は、政府が非営利セク
ターへの補助金を削減する代わりに、民間の寄附による税制優遇を行う。
そうすれば、非営利セクターへの民間からの寄附が増大し、ボランティ
アを活性化させることになるとして「減税」策をとった。サラモンはこ
の政策転換の過ちを、内国歳入庁のファイルや実際の社会サービス現場
で何が起こっているかを示すことから研究を始めた。

　サラモンによれば、米国の非営利セクターは、「米国流の福祉国家」
のあり方そのものだったのである。欧州モデルの見方からすれば、福祉
国家とは見えないが、米国には米国流の福祉国家があったというのであ
る。これはひとつの新しい見方を私たちに示す。それを、民間の寄附や
慈善に差し戻すことは、米国流の「福祉国家」の可能性を廃棄すること
に他ならない。当然ながら民間の非営利セクターだけでは「福祉国家」
の代替となれるはずがない。しかしグローバル資本主義の跋扈する時代
である。そこで、かつて日本の社会福祉学者たちからは歯牙にもかけら

れなかった米国流の福祉国家システム、その中核にある、政府と非営利セクターとの資本主義的な連合の試みが、あらためて注目に値するものとして浮かびあがってくるのだ。それこそがサラモンのいう「第三者政府」だ。

4．「非営利」はなぜ現れるのか―資本主義の中心から「非営利」が生まれる

そもそも「非営利」はなぜ現れるのか、なぜ存在するのか。このグローバルな資本主義全盛の時代に、しかもその資本主義の中心地の米国で一見したところ反時代的な非営利が大きな存在となっているのは、なぜなのか。考えてみると不思議なことだ。

サラモンらによれば、それは主として3つの理由による。第一は「政府の失敗理論」、第二は「市場の失敗理論」、第三が「ボランティアの失敗理論」と呼ばれるものである[2]。

「政府の失敗」理論では次のように説明される。政府は、税で運営されるので、公平・公正・平等の原則にもとづき、平均的で必要最小限のサービスしか提供できない。個別的なサービスはもともと税で運営される政府では提供しにくいのだ。しかし現代社会では、ますます人びとのニーズは多様化していく。そこを埋めていくのが、政府ではない非営利だ、という説明である。

「市場の失敗」理論では次のように説明される。市場は、情報が正しく提供されていれば、もっとも適切に財や資源やサービス等の配分が行われうる。しかし、保健・医療・福祉・文化・教育などの領域では、サービス提供者と消費者との間で「情報の非対称性」が起こる。つまり情報

---

[2] Anheire（1995）、Salamon（1992, 1995）、Salamon and Anheir（1994, 1996, 1997）などを参照。

の真偽や価格が、正しく評価されにくい。すると供給側の論理で市場メカニズムが動いてしまう。これはとりわけ社会的弱者や情報弱者にとっては致命的なことである。ゆえに価格や市場メカニズムに左右されにくい非営利が必要となるという説明だ。

「ボランティアの失敗」理論では次のように説明される。ボランティアは個人の自発的な意志、つまり個人的選好によって行動が左右される。強制力や規制も働きにくい。したがって、社会サービスの全領域にわたってサービスを提供する主体としては、不十分である。したがって非営利組織やセクターが必要だ、と。

一見、説得的だが、しかし教科書的で平板ではないだろうか。非営利セクターの長所だけを述べている印象なのだ。この整理は、政府にも市場にもボランティアにもカバーできない領域があることは示している。しかしそれがなぜ「非営利」でなくてはならないのか、そこを説明しきれていないのではないか。

5．教会のような協会

ここからさらに考えを進めてみよう。

「非営利（Non ProfitもしくはNot for Profit）」という概念と実践は、どこから生まれてきたのだろうか。非営利セクターの歴史を研究するハーバード大学のピーター・ドブキン・ホールによれば、米国東海岸のマサチューセッツ、なかでもボストンやフィラデルフィア周辺から歴史的に展開してきたという[3]。ハーバード大学が非営利組織の第一号だとも言われる。しかしこれは奇妙なことではないだろうか。営利を合理的に追求する近代資本主義が勃興し発展したその原点から「非営利」も生

---

[3] Hall（1991, 2001, 2006）を参照。

180

まれてきたことになるからである。もしそうだとしたら、それはなぜか。

米国の非営利セクター論や非営利組織論を概観するとそこに奇妙な特徴を見いだすことができる。非営利組織の「協会（Association）」と「教会（Church/Faith Based Organization）」とが楕円のように重なり合っているように見えるのだ。どういうことか。

米国の非営利組織論では、組織の「ミッション（目的・使命）」が非常に重視される。「非営利組織の経営」が言われる場合の「経営」とは、ただ利潤を最大化するためや合理的で効率的な組織をつくるためだけではない。「ミッション」の実践を最大化することを目指す方法論なのである。営利組織の経営論は非営利組織にも行政組織にも応用できるはずだというのがドラッカーやサラモンらの議論の特徴である。つまり「非営利組織の経営」とはミッションを実現するための経営論である。日本でも「行政とNPOとの協働」というテーマとともに、「非営利組織の経営」は流行した。一見分かりやすいが、ここで立ち止まる必要がある。営利と非営利とがいきなり「ミッション」という共通項で結ばれるからである。はたしてそんなことが可能なのか。

そもそも「ミッション（使命・召命）」とは何か。ふつう使命や召命（それは宗教的なものと関連している）は、俗世界の「営利」とは正反対のものだと考えられている。俗世界は市場原理、つまり利潤を求める「営利」の原理で動いている。だから、市場原理では解決できない問題がたくさん出てきて、ゆえに政府や非営利組織が必要になる、とレスターM. サラモンらは説く。政府は税を財源として動くが、ボランティアや非営利は自分で費用をまかないながら活動する（無償性原理）。ゆえに非営利で活動する人たちには、営利で動く人たちに比べると、道徳規範的に上位とみなされ、社会的にリスペクトされるのだ[4]。営利の側

---

[4] マイケル・サンデル『ハーバード白熱教室』

は金銭欲に動かされている、政府は政治と税で動かされる、しかし非営利は外部の力ではなく、みずからの内心や自発性で動いている、というわけだ。

しかし米国では、営利も非営利も、ともにミッションと関連して動いていると考えられる。なぜなら奥底には、「社会」や「組織」は、深く宗教的とも言えるミッションに左右されている、という米国流の文脈があるからだ。前論文で紹介したロックフェラー1世の事例のように、営利企業のリーダーたちも、意外なことに、宗教的ミッション性を帯びて営利活動を行っている場合が少なくない。これが米国の資本主義のひとつの特徴である。米国は、考えられている以上に宗教的な国家なのだ。

さて、こうかんがえると、「協会（アソシエーション）」というかたちをとる米国の非営利組織は、「教会（信仰団体）」と奥深いところで共通していることが分かる。「協会は教会」のようであり、「教会は協会」として世俗的な活動の中に位置付いている。だからこそ、両者とも、ミッションを組織の存立根拠に据えているのだ。

６．二重否定としての「非営利」

非営利組織（Non Profit Organizations）とは何かを考えていくと、「非営利」とは何か、言い換えれば「営利でない」とはどういうことかを、もっとも原理的なところから考える必要がでてくる。さらにいくつか補助線を引いてみよう。

「Non Profit」とは何か。この場合の「非」（Non）は、「否」（Noや Anti-）でも「反」や「対抗」（Counter-）でも「代替」（Alternate-）でもないことに注目すべきだ。「非営利」とは、米国流の資本主義を否定することでも、敵対することでも、代替するものでもないのだ。資本主義に反対し対抗する社会主義や共産主義といった革命や社会運動のイ

メージと、非営利とは別次元のものだ。むしろ米国的な市場経済や資本主義経済と協調し、補完する機能をもっていると考えるほうが自然だ。だからこそ、資本主義の最先端を走る米国で、非営利セクターも巨大に栄えているし、グローバリズムの時代にも適合しているのだ。非営利セクターは社会問題に敏感で、「社会を変革する」ことをめざしているように見えるけれど、事実それをめざしている団体は多いけれども、それは「市場経済を否定する」ことでも「資本主義に反対し敵対する」ことでもない。

　ではこれまでNon-profitとはどう定義されてきたか。利益・利潤「のためではない（not-for-profit）」組織として「消極的」に定義されてきただけだ。営利をめざさないが否定するものでもないとしたら、その立ち位置とはいったいどんなものか。個々の組織は多様な目的や使命（ミッション）を掲げているが、それはNon Profit 一般を積極的に定義づけるものではない。「～のための組織」や「～をめざす組織」として「非営利」を積極的に意味づけ、定義づけることは難しい。

　それでも多くの人びとは「非営利とは何のためなのか」、「何をめざしているのか」という「非営利セクターの全体的な意図」をつい考えたくなる。しかしサラモンも、その問い直接に答えることはない。非営利セクター、それはまず「合衆国税法のもとで、免税資格ないし非営利としての地位を獲得している諸団体の広範な種類」のことであると述べるにとどまる。「内国歳入法では、商工会議所から葬儀費保険組合、相互保険会社さらにはコミュニティ開発団体までおよぶ、20種類以上の様々な免税団体」のことを意味している。つまり個々の非営利組織は、統一した意図など持たない、持ちようがないのだ。しかし、それを「セクター」として俯瞰するとそこに個々の非営利組織を超えた「何か」が見えてくるのだ。いわば二重否定の結果、にじみ出してくる何か、の中に「非営利」のエッセンスがある。

183

7.「第三者による政府（Third-Party Government)」

　さて、サラモンの非営利セクター論のもうひとつの特徴は、非営利セクターと政府との関係の独特さである。「第三者による政府」（Third-Party Government）という特徴的なシステムを成していると言う。この「第三者による政府」とはいったいどんなものか。

　サラモンの言うところを聞こう。「連邦政府が自ら政策の指揮を執るという状況から、目的の達成にあたり種々様々の『第三者機関』—たとえば州、市、特別区、銀行、病院、製造会社など—に徐々に依存する状況への転換」が起こっている。こうした「第三者機関による政府」の典型例のひとつとして「連邦政府補助金」があげられる。「現在、500を超える連邦補助プログラムが登録されており、救急医療活動から州間高速道路の建設にいたるあらゆる方面で、州や地方自治体が連邦政府の財源を利用できる仕組みになっている」。それは「多くの場合、連邦政府予算総額の中に反映されないために、ほとんど関心を引くことはなかった。しかし、その範囲と規模は大きく、しかも拡大しつつある」不可視な領域なのだ。たとえば「連邦政府は、大学教育支援や農業保護などの様々な目的に供する融資、もしくは融資保証」として多額を計上している。「かつては主として経済的な側面に焦点を当てていた政府の規制活動が、今や健康、安全、環境、それに「社会」の様々な目標などの幅広い分野で、目的達成を促進するための主要な手段となっている」（Salamon, 1995→2007：24)。これがサラモンの説明だ。

　それは「直接的な政府から、間接的もしくは、『第三者機関による』政府への転換」だと言う。政府が直接にサービスを提供するのでなく、財源や権限をいったん第三者機関へと委譲して、第三者機関がサービスを提供する間接的な政府サービス提供の仕組みだという。これは一見、平凡でありふれた方法のように見える。世界中で、小さな政府志向で行

184

政サービスの「アウトソーシング」が行われる時代だからだ。それと、いったいどこが違うのか。

　一見したところサラモン理論は、常識的で平凡な浅いものに見えてしまう。しかし、ここからが肝心だ。読みを深めてもっと「その先」まで行くことができるはずだ。そこを説明しよう。

8. 「二者関係」から「三者関係」への跳躍

　日本と米国の、政府とNPOとの関係を「二者関係」と「三者関係」という二つの異なった関係のモデルとして考えてみよう。

　サラモンの意図を最大限に拡大して読みを深めてみれば次のようになるだろう。米国の政府と非営利セクターとの関係は「第三者による政府」という形をとって機能している。それは一見したところ政府と非営利セクターの「二者関係」にみえる。しかしそうではない。「二者関係」の内側から「第三の関係」が生まれてくること。それこそが「Third-Party Government」なのだ。どういうことか。日本と対照してみると、より明確になるだろう。

　日本の場合には、政府・行政とボランティアや民間非営利組織との間の関係は「二者関係」となる。どうしようもなく「二者関係になってしまう」というべきだろう。ふつう「二者関係」の中には潜在的な対立やコンフリクト、「二者関係」を変容させていく潜勢力のようなものが含まれている。ところが政府・行政とボランティアや民間非営利組織との間の関係は、そのような潜在的な力すら生じさせないほど決定的な「二者関係」なのだ。両者の上下関係が揺るぐことはありえないほどに強い。「二者関係」とはどういうことを意味するか。最大限にうまくいった場合でも「対等」関係である。通常は力の差（権限や法的地位、保有する社会資源の有無など）が現れて、「上下関係」や「支配―被支配関係」

185

となってしまうのだ。従来の「外郭団体」や「第3セクター」と役所の関係に表れたように、である。

　では「三者関係」はどう異なるというのか。ここから先は理論的思考実験である。「二者関係」の間に第3の媒介項が入ると、「二者」がともに「変容」する可能性が生まれる。役所は従来の役所でなく、非営利組織と協働してサービス提供を実現する役割へと変容する（という潜在的な可能性が生まれる）。非営利組織も、非営利組織の論理ばかりでなく、行政組織の論理や役割を内面化するかたちで協働する（という可能性が生まれる）。政府行政は「ガバメント」という動かせぬ実態権力としてでなく「ガバナンス」という機能へと変容する。ノンプロフィットも政府行政とともに新たな「ガバナンス」を担う存在へと変容する（これも理論的な可能性である）。この場合に協働して担われる「ガバナンス」は、「二者」によって作りだされた仮想的な「第三者」の機能なのである。

　「二者」が関係を結んでも、両者の以前の姿や機能が少しも変化しないのであれば「第三者」は生まれない。日本の場合にはそうなりがちである。むしろ二者関係を結ぶと、より鮮明に、両者を区別する意識が生まれる。そして「二者関係」は必然的に上下関係へと変質していく傾向が生まれる。そうでない関係は、いかにして可能か。「二者」がともに変容していくこと、「二者」の協働が「第三者」という新たなあり方を生み出すこと、これが必要不可欠の条件なのだ。

　日本の場合には二者が関係を取り結ぶと、より違いが強調された「二者関係」になる。結果的には上下関係や「下請け関係」になりがちである。米国の場合には「二者関係」から「三者関係」へと変容していくと考えられる。非営利の側も「第三者による政府」という立場での政府になるのだ。

もちろんこれは、理論的・理念的モデルである。しかし、日本における「二者関係」と米国における「三者関係」とを区別するためには有効な

理論モデルではないだろうか。

9．社会福祉法人の矛盾の解凍──介護保険によるインパクト

　米国の場合には、政府と非営利セクターとの協働が「第三者による政府」という米国流の福祉国家システムを生み出したと考えると、理論的なブレークスルーが生まれるのではないか。日本の場合にも、こうなりうる大きなチャンスがあった。2000年から導入された「介護保険制度」である。それは「介護の社会化」をめざし「措置から契約へ」という政府行政の役割の大転換を意味していたからである。介護保険をきっかけに、非営利組織は、「非営利以上の非営利法人」となって、つまり「第三者による政府」に近いものとなって、公的な社会サービスを担う存在になりうる可能性があったのではないか。

　しかし、そうはならなかった。逆である。むしろ政府行政による非営利法人（のみならずすべての指定居宅サービス事業者）への管理や締め付けは増大したのである。いわば「第三者による政府」とは正反対のことが起こったのだ。

　たとえば社会福祉法人を考えてみよう。GHQが1946年にSCAPIN-775で「社会救済に関する覚書」を指令し、公的扶助４原則（無差別平等、公私分離、救済の国家責任、必要な救済を充足）を示した。この「国家責任」と「公私分離」という二重の要件を満たすために社会福祉法人制度が設立され、社会福祉事業を行うようになった。社会福祉法人は「国家責任を代行する民間組織」「公の支配に服する民間組織」として、自主的に活動する権能をきびしく制限されてきた。そこに超高齢社会となって措置制度では収まらなくなり、介護保険制度が登場した。措置制度時代の「国家責任を代行する民間組織」「公の支配に服する民間組織」という「矛盾」を解決する大きなチャンスだったのではないか。

しかし「公的介護保険制度」という冠がかぶさっていたように、実態は公的な社会福祉と、社会保険という半民間事業との混合であった。国家責任の社会福祉ではないが、民間の保険事業でもない。いわば公的責任と民間事業とが「社会保険」という米国には存在しない不思議な社会事業として導入されたのである。これは戦後から70年という年月をへて、GHQの指令と日本の社会福祉との矛盾からつくられた社会福祉法人の問題点が、介護保険制度のもとで「解凍」されたと考えることができよう。解凍されて表に出てきたこの問題は、すぐには解けないし、単純化して解いてはいけない課題であると思われる。つまり社会福祉法人の直面する悩みは、日本の社会福祉が直面する悩みそのものだ。

　そこでサラモンの理論モデル「第三者による政府」が参考になる。

　「介護保険」は、まさに、政府と社会福祉法人とが、「第三者による政府」という新しい協働のかたちを形成する大きなチャンスだったのではないか、と考えてみるのである。

　政府による「措置制度」という軛から脱して、社会福祉法人が民間の非営利組織として、新たに市民福祉を担う可能性が、そこにあったと考えてみるのである。（もちろん当時の政治、経済、社会状況や、厚生省のめざしていた政策方向、それに社会福祉法人の動向など、様々な状況から、このような仮定が半ば以上に夢物語だったとしてもそう考えてみることには理論的な価値がある。）

　サラモンの理論モデルにしたがえば、社会福祉法人は、たんに措置制度から脱しただけではだめである。それだけでは、不十分な、半民間組織かつ半営利組織になってしまう。措置制度のもとで社会福祉法人を政府に従属的な位置に縛りつづけてきたのは、両者が「二者関係」、とくに政府への社会福祉法人の従属という「二者関係」になっていたからである。措置制度における「二者関係」を廃止すれは、「第三者による政府」が実現するのではない。逆である。むしろ、前以上の「二者関係」が現

188

れるだけである。じっさいにそうなった。しかも「二者関係」の民間部分には、営利企業や生協、NPO法人など、様々な「民間」が参入することになった。

社会福祉法人は、「第三者による政府」を形成する大きなチャンスを失ったのである。

このような仮定は非現実的な夢物語だろうか。そうとも言えない。たとえば介護保険制度を創出するにあたって参考にしたと言われるドイツの介護保険がそのことを示している。ドイツの介護保険制度では、サービスを提供する主体は、その大半が宗教系の非営利4団体であると言う。

介護保険制度をきっかけに、ドイツのように、政府と非営利法人とが、あらたな協働の場として「第三者による政府」による「非営利の介護保険事業」を形成する可能性もあった。

ところが現実には、「非営利」であるか否かをとわず、営利企業もふくんだ、介護保険指定居宅サービス事業者群が出現してしまった。これは社会福祉法人にとっては、大きな脅威となってその後の事業展開に影響してくる。たしかに第一種社会福祉事業は、社会福祉法人に限定されている。しかし、特定施設がすでに民間の営利企業などによって展開されている現状では、将来は、第一種社会福祉事業も民間へ解放されていく可能性がある。

いまこそ、社会福祉法人は、受け身のまま社会福祉法人改革を受け入れるような消極的な態度でなく、より積極的なあり方をめざしていくべきではないか。そのひとつの示唆を、サラモンの「第三者による政府」モデルに見ることができないだろうか。

10. 社会福祉法人以上の社会福祉法人へ

　現在の社会福祉法人の多くは、みずから選んで福祉や公益や非営利をめざしたというより、社会福祉法人制度の枠の中でそうせざるをえないので消極的に非営利を営んでいる場合が少なくないのではなかろうか。現在の法制度のもとでは、みずからミッションを立てたとして、それが「公益」認定され、社会福祉法人や「非営利」として認められるかどうかは、行政権限に委ねられる。

　しかし、介護保険制度のもとでは、社会福祉法人にはこれまでの制度的な枠組みを超えた様々な可能性が開かれている、そう考えることもできる。それは社会福祉法人に限らない。NPO法人などのほかの非営利法人にとってもそうなのである。これまでの考察をふまえると、「非営利」を「無償」に限定したり、ボランティアや「公益」という概念に限定する必要もない。より広い視野のもとで「非営利」を考えることが可能なのだ。

　「非営利」で組織の活動を行っているだけでは「公益」につながるかどうか保証はない。むしろミッションに引きずられて迷走していきかねない危うさもはらんでいる。

　そこでサラモンの「第三者による政府」という概念の意味をもう一度見直す必要が出てくるのだ。サラモンの理論を発展させて解すると、「非営利」は「現在以上の非営利」になる可能性をもっていることが分かる。それは「非営利」という単体の組織で動いている場合には現れてこない可能性である。非営利セクターとなって個々の組織以上の存在となって活動すると、政府との協働によって「第三者による政府」という福祉国家の新たな協働パターンを生み出すことが可能になるのだ。自分が変わるだけでなく、政府行政も変わるという相互変容のプロセスをへた場合にサラモンの言う「第三者による政府」が出現する。

　もちろん米国流の「第三者による政府」がすぐに可能だと言うつもり

はない。それはひとつの理論的なモデルである。しかし、社会福祉法人が現在の社会福祉法人以上の存在になるためには、そして日本の非営利セクターが現在の非営利以上のものになるためには、社会福祉法人や非営利組織が変わるだけでは足りないのだ。社会福祉法人や非営利組織とともに、政府や行政のあり方も、相互変容する必要がある。サラモンの非営利セクター論や「第三者による政府」論が問題提起している日本にとっての示唆は、ここにある。それは言ってみれば現在ある「非営利」を超えていく試み、「非営利以上の非営利」の希求なのである。

参考文献

安立清史（2008）『福祉NPOの社会学』東京大学出版会

―――（2016）「非営利組織の「経営」とは何か ―介護保険における非営利法人の「経営」をめぐって―」,『共生社会学』Vol.7, 2016, 105-122

―――（2017）「介護保険のパラドクス――成功なのに失敗？」SYNODOS（2017/04/13公開）

―――（2017）「グローバル資本主義の中の「非営利」―「バーチャル政府」の意外な可能性」SYNODOS（2017/06/22 公開）

Anheier, H. K.（2005）*Nonprofit Organizations: Theory, Management and Policy*, Abingdon: Routledge.

出口正之（2015）「制度統合の可能性と問題　ガラパゴス化とグローバル化」, 岡本仁宏編『市民社会セクターの可能性―110年ぶりの大改革の成果と課題』, 関西学院大学出版会

Hall, P, D,（1992）*Inventing the Nonprofit Sector and Other Essays on Philanthoropy, Voluntarism, and Nonprofit Organizations*, The Johns Hopkins University Press.

―――（2006）"A Historical Overview of Philanthropy, Voluntary Associations, and Nonprofit Organizations in the United States, 1600-2000", Powell, Walter, W, & Steinberg, Richard, 2006, The Nonprofit Sector: A Research

Handbook, New Haven and London; Yale University Press, 32-65

—— (2001) *Inventing the Nonprofit Sector - and Other Essays on Philanthropy, Voluntarism, and Nonprofit Organizations*, The Johns Hopkins University Press

Kramer, R. M., (1981) *Voluntary agencies in the welfare state*, Berkeley: University of California Press.

Salamon, L,M, & Anheier H., (1994) *The emerging sector : an overview*, Maryland: Johns Hopkins University. (＝1996, 今田忠監訳,『台頭する非営利セクター——12カ国の規模・構成・制度・資金源の現状と展望』ダイヤモンド社)

Salamon,L. M., (1995) *Partners in Public Service*, 1995, Johns Hopkins University Press, Baltimore, (＝2007, 江上他訳,『NPOと公共サービス ―政府と民間のパートナーシップ―』ミネルヴァ書房)

—— (2014) Leverage for Good: An Introduction to the New Frontiers of Philanthropy and Social Investment, Oxford University Press. (＝2016, 小林立明訳,『フィランソロピーのニューフロンティア ―社会テキストインパクト投資の新たな手法と課題』ミネルヴァ書房)

—— (ed), (2002) *The State of Nonprofit America*, Brookings Institution Press.

Salamon, L.M., & Anheier H., (1996) *Johns Hopkins nonprofit sector series ; 1 The emerging nonprofit sector : an overview*, Manchester, UK ; New York : Manchester University Press.

Salamon, L.M.& Anheier, H. (eds.), (1997) *Defining the Nonprofit Sector : A Cross-national Analysis*, Manchester : Manchester University Press

Salamon, Anheir, List, Toepler, Sokolowski (eds.), (1999) Global Civil Society, Johns Hopkins University Press.

Salamon, L. M., (2002) *The State of Nonprofit America*, The Brookings Institution

【執筆者一覧】

関川　芳孝（せきかわ　よしたか）
　　大阪府立大学 大学院 人間社会システム科学研究科 教授

橋本　理（はしもと　さとる）
　　関西大学 社会学部 教授

朝木　俊介（あさき　しゅんすけ）
　　社会福祉法人 神戸老人ホーム

橋川　健祐（はしかわ　けんすけ）
　　金城学院大学 人間科学部 コミュニティ福祉学科 講師

柴田　学（しばた　まなぶ）
　　金城学院大学 人間科学部 准教授

竹内　友章（たけうち　ともあき）
　　東海大学 健康学部 助教

川本　健太郎（かわもと　けんたろう）
　　立正大学 社会福祉学部 社会福祉学科 専任講師

安立　清史（あだち　きよし）
　　九州大学 大学院 人間環境学研究院 教授

OMUPの由来
大阪公立大学共同出版会(略称OMUP)は新たな千年紀のスタートとともに大阪南部に位置する5公立大学、すなわち大阪市立大学、大阪府立大学、大阪女子大学、大阪府立看護大学ならびに大阪府立看護大学医療技術短期大学部を構成する教授を中心に設立された学術出版会である。なお府立関係の大学は2005年4月に統合され、本出版会も大阪市立、大阪府立両大学から構成されることになった。また、2006年からは特定非営利活動法人(NPO)として活動している。

Osaka Municipal Universities Press(OMUP)was established in new millennium as an association for academic publications by professors of five municipal universities, namely Osaka City University, Osaka Prefecture University, Osaka Women's University, Osaka Prefectural College of Nursing and Osaka Prefectural College of Health Sciences that all located in southern part of Osaka. Above prefectural Universities united into OPU on April in 2005. Therefore OMUP is consisted of two Universities, OCU and OPU. OMUP has been renovated to be a non-profit organization in Japan since 2006.

社会福祉法人制度改革の展望と課題

2019年3月28日　初版第1刷発行

編著者　関川　芳孝
発行者　足立　泰二
発行所　大阪公立大学共同出版会(OMUP)
　　　　〒599-8531 大阪府堺市中区学園町1-1
　　　　大阪府立大学内
　　　　TEL 072(251)6533　FAX 072(254)9539
印刷所　和泉出版印刷株式会社

©2019 by Yoshitaka Sekikawa, Printed in Japan
ISBN978-4-907209-96-4